A razão da vida

Cesar
Romão
Motivação para Transformação

A razão da vida

Academia

Coordenação editorial: Débora Guterman
Assistente editorial: Cristiane Peroni
Capa: Marcílio Godoi
Revisão: Tulio Kawata
Projeto de miolo e diagramação: Gustavo Abumrad

Dados Internacionais de Catalogação na Publicação (CIP)
(Câmara Brasileira do Livro, SP, Brasil)

Romão, Cesar
A razão da vida / Cesar Romão. – São Paulo :
Editora Academia de Inteligência, 2009.

ISBN 978-85-60096-33-6

1. Conduta de vida 2. Espiritualidade 3. Fé 4.
Ficção brasileira I. Título.

09-01376 CDD-869.93

Índices para catálogo sistemático:
1. Ficção : Literatura brasileira 869.93

2009

Editora Academia de Inteligência Ltda.
Avenida Francisco Matarazzo, 1500 – 3º andar – conj. 32B
Edifício New York
05001-100 – São Paulo-SP
www.academiadeinteligencia.com.br
www.editoraplaneta.com.br
vendas.academia@editoraplaneta.com.br

Para meu filho Breno,
uma razão de minha vida.

Sumário

Apresentação

Todos trazemos em nosso coração um *sonho íntimo*. Não há exceção. Se a busca pela sua realização for feita realmente nas profundezas da alma, esse sonho brilhará como um diamante retirado da lama.

Portanto, nunca se importe caso o considerem louco em sua busca. Apenas sorria, pois a loucura é aquilo que nos faz diferentes dos que nos julgam e certamente é algo que eles mesmos não teriam coragem de realizar.

Qualquer um pode ter o que quiser da vida. Basta ter uma imagem de seu *sonho íntimo* e enchê-la de fé. A fé é apenas uma percepção de que o sonho é real; o simples fato de desejá-lo já prova sua existência. Todo aquele que quer uma montanha deverá começar guardando em suas mãos um punhado de terra.

Ao mesmo tempo, não devemos perseguir o sonho ou nos agarrar ferozmente a ele, pois não se trata de um mistério a ser desvendado, mas sim de um mistério a ser vivido.

Aprendi essa simples verdade com meu mestre, quando estávamos em um bosque, observando um pequeno pássaro numa árvore. Ele percebeu minha admiração pela avezinha e disse: "Veja: vou abrir meu coração, esse pássaro sentirá meu amor e pousará na palma de minha mão". Foi realmente o que aconteceu. Quando o passarinho pousou, ele apenas sorriu e deixou que se fosse num gesto carinhoso. Encantado, pedi que repetisse o gesto e tudo aconteceu exatamente como da primeira vez. Então, meu mestre disse que eu também poderia fazê-lo. Segui suas instruções e o pequeno pássaro rapidamente estava em minhas mãos. Fiquei tão emocionado que não queria deixá-lo partir. Tentei segurá-lo com as duas mãos, para expressar minha satisfação pelo feito.

Meu mestre sorriu e disse: "Você o assustou, Cesar Romão. Com certeza, quando resolver soltá-lo, ele jamais voltará às suas mãos e, se você não o libertar, ele se sentirá sempre seu prisioneiro, e, como todo ser aprisionado, jamais terá o canto ou a beleza de um pássaro livre".

Um verdadeiro buscador não é contra a vida. O buscador ama tanto a vida, ama tanto o reflexo, que quer ver o original; abandona o reflexo para encontrar aquele que o gera.

Viver é um princípio sobre o qual devemos aprender tudo o que for possível, utilizando-o como fluxo de sabedoria, colocando-nos em seu centro, pois ele animará todos os lugares em que estiver e, sem esforço, seremos impulsionados na direção da Verdade, do Correto, da Perfeição e do Supremo Contentamento.

A história do jovem Ethan, narrada neste livro, é um exemplo de que sonhar faz parte de nossas mais profundas emoções, e realizar o sonho é provar a si mesmo que ele é possível.

Cesar Romão

"A lei da vida é a lei da crença...
E seja feito conforme sua fé."

Mateus 8, 13

Prólogo

Quando despertei, o sol forte ofuscava meus olhos. Demorei a perceber onde estava. A boca seca e um certo cansaço nos músculos denunciavam muitas horas de sono – ou terá sido um desmaio? Quanto tempo fiquei ali, recostado àquela árvore? Onde estive antes disso? O que aconteceu comigo? *Swapna*... Que fizeram do lago? A chuva... o frio... as montanhas... A *luz*...

As imagens atravessavam minha mente como uma chuva de cometas. Antes de tentar decifrá-las, antes mesmo de conseguir raciocinar, respirei fundo. O ar invadiu meus pulmões como uma bênção, e pude sentir de maneira quase sólida cada molécula de oxigênio tomar seu lugar, recompor minhas forças e apagar a vaga impressão de pavor que ainda me atormentava. Naquele momento, não podia saber com precisão a que fatos tais sentimentos se referiam. Apenas percebi que lembranças assustadoras se confundiam com uma sensação de plenitude e êxtase, como se algo muito importante tivesse acontecido e, em vez de simplesmente acordar, eu houvesse na verdade renascido.

Aos poucos, o turbilhão de pensamentos e sensações foi dando lugar a uma consciência mais nítida da situação em que me encontrava. Em meio a um burburinho de passos, conversas agitadas e ruídos desordenados, uma voz familiar acordava meus ouvidos, repetindo sempre a mesma frase com um tom insistente, mas dócil. Senti uma mão sacudindo meu rosto:

– Ethan! Ei, Ethan, meu amigo, acorde!

Ouvir meu próprio nome teve o efeito quase mágico de me trazer de volta ao mundo. "Sim", pensei, "eu me chamo Ethan, estou na Índia e esse sorriso à minha frente, irradiando felicidade ao me ver são e salvo, só podia ser de Kabir, o mercador." Fixando a vista, reconheci sua barba, a pele morena e a túnica. Tive vontade de abraçá-lo, beijar sua face, mas a sede prevaleceu:

– Água...

Kabir estendeu o cantil. Bebi em um único gole, a água escorria pelo pescoço.

– Está tudo bem? Quer comer alguma coisa?

Fiz um gesto pedindo a Kabir que guardasse o *chappati* – o pão indiano – que me oferecia. Ele então olhou para mim de uma maneira diferente, como se de repente não me reconhecesse mais.

– Ethan... você encontrou! Posso ver estampado em sua face! Vamos, diga. Você encontrou, não é mesmo?

– Kabir, eu...

Não pude completar a frase. As lágrimas explodiram em meu rosto e o choro veio solto, incontido. A longa jornada, iniciada quando saí do Brasil há mais de seis meses, chegara ao fim, numa praça de Rampur, ao norte da Índia. Ali, no meio de uma feira, em que camelos e carroças disputavam cada palmo da praça com os automóveis e comerciantes, senti mais uma vez a vida correr em minhas veias. Depois de tudo o que passei, parecia inacreditável poder de novo abrir os olhos, respirar o ar quente da Índia e receber na pele o doce afago do sol.

Sim, eu estava realmente lá – e isso já faz muito tempo. Agora, posso desfrutar da serenidade necessária para fechar os olhos, voltar ao passado e contar minha história àqueles que tiverem o coração aberto para ouvir, sentir – e crer.

Capítulo 1

Maio, uma noite fria, parti de São Paulo. O aeroporto fervilhava de turistas, e todos pareciam alegres e confusos, concentrados naquela profusão de passagens, malas e parentes. Eu tinha a impressão de que era o único naquela multidão que não tinha ninguém de quem me despedir.

O coração bateu forte quando o avião decolou rumo a Londres. Não temia o voo em si. O que me deixava apreensivo e ao mesmo tempo eufórico era o fato de que todos ali tinham uma ideia clara dos motivos da viagem – menos eu. Se o passageiro ao lado perguntasse alguma coisa, diria apenas meu destino: a Índia. Não saberia explicar exatamente o que me levava àquele país. Decidi que, pelo menos até chegar a Delhi, deveria agir como um turista exótico que escolheu uma terra igualmente mística para passar as férias.

Era melhor que fosse assim. Afinal, como explicar a um companheiro de voo que eu fazia uma viagem de 15 mil quilômetros à procura... de um *sonho íntimo*?

A viagem transcorreu sem problemas. O cansaço das muitas horas de voo na poltrona desconfortável não representava um grande sofrimento. Para quem nasceu na periferia de São Paulo, em um cortiço miserável, acostumado a passar não horas, mas a infância inteira espremido entre irmãos e primos no mesmo cômodo, aquilo tudo era um luxo. Ao contrário de muita gente que também conseguiu superar a barreira da miséria, não renego meu passado. Dele, só tiro mais e mais lições. Aprendi a lidar com números e palavras na faculdade. Construí, graças a ela, uma vida confortável, mas foi na luta diária da infância que conheci realmente quem são os homens, suas virtudes e limitações.

A mudança de avião em Londres trouxe grandes transformações na "paisagem humana" ao meu redor. Nesse outro voo, os passageiros brasileiros, alegres e barulhentos, foram trocados por europeus educados e indianos silenciosos. Eu procurava observar com atenção a expressão desses últimos. A maioria dos indianos usava vestimentas ocidentais, mas alguns trajavam roupas típicas.

Mas o que distinguia os indianos dos ocidentais não era a roupa, e sim o olhar. Havia um brilho especial nos olhos indianos, algo meio vidrado e profundo. Pareceu-me que milênios de espiritualidade fixavam-se naqueles rostos. Certamente muitos deles eram funcionários de grandes multinacionais, talvez com funções nada místicas, mas isso não era suficiente para apagar-lhes a herança cultural inscrita para sempre, espelhada no olhar daquela gente.

Cheguei a Delhi numa segunda-feira. Até então, tudo correspondia às expectativas. Poderia enfim treinar meu inglês e testar o aprendizado de híndi, um dos dialetos da região. Dois anos de preparativos minuciosos foram úteis nesse início de jornada.

O hotel era bastante simples – na verdade, o mais barato que pude encontrar. Não posso dizer que levei pouco dinheiro, mas, tendo em vista as incertezas que me aguardavam, qualquer economia era uma medida de segurança.

No dia seguinte, já refeito da viagem, caminhei sem rumo por Delhi. As primeiras impressões da cidade me faziam lembrar o filme *Casablanca*. Gente por todo lado, um assédio permanente de indianos oferecendo bugigangas ou pedindo esmolas em todas as línguas. Lá, templos e ruínas caracterizam uma mistura histórica da evolução. Convivem com construções modernas, provocando um contraste visível, como os automóveis e as carroças que se cruzavam a todo momento.

Encontrões eram inevitáveis. Num deles, esbarrei com um indiano que trazia algo preso às costas, como uma mochila sob as vestes. Foi tudo muito rápido, mas pude perceber que da mochila saía uma espécie de mangueira, disfarçada entre suas roupas. Não sei bem como aconteceu, mas o fato é que meus sapatos ficaram sujos de lama, provavelmente saída da tal mangueira. Logo em seguida, fui abordado por outro indiano, perguntando com gestos se eu não desejava limpar os sapatos...

Sorri, sem nenhum ressentimento, e aceitei que limpasse a sujeira. Enquanto o garoto indiano engraxava com afinco meus sapatos, lembrei de mim mesmo, aos oito anos, andando pelo bairro com minha caixa de engraxate. Não usava esse tipo de artifícios para conseguir clientes, mas devo reconhecer que a concorrência não era tão dura quanto a enfrentada pelo pequeno indiano em Delhi.

Com esse incidente, tive a primeira certeza de que, na busca pela realização de meu *sonho íntimo*, também iria esbarrar com todo tipo de truques e falsa sabedoria.

Assim aconteceu nos dez dias que passei em Delhi. Visitei templos, percorri ruelas e becos, testemunhei festas religiosas. Em todos os lugares, lá estavam os faquires, ascetas, monges de todos os tipos e credos.

Eu precisava encontrar alguém, de quem não conhecia o rosto ou o endereço. Sabia apenas seu nome: Patmos. Ele detinha a chave para realizar meu *sonho íntimo*. Era preciso buscar e buscar. Perguntar obstinadamente aos sábios e simplórios, pouco importava, até que alguém me desse um rumo.

O problema é que, por algumas poucas rupias, indianos me abordavam incessantemente, oferecendo ilusões. Estava há muito pouco tempo na Índia para saber distinguir o joio do trigo, e isso me incomodava. Então, intuitivamente, adotei como critério justamente o dinheiro, tendo como norma: se alguém me cobrasse pela informação, seria um falso sábio. Se não cobrasse, valeria a pena conferir.

Por alguns dias fiquei assim, tateando, até que um episódio me convenceu. Aconteceu num fim de tarde, no lado velho da cidade, à saída de um templo. Os outros turistas já haviam se afastado, e eu fiquei admirando aquela construção antiquíssima, pensando no maravilhoso caldeirão religioso daquele país, em que há quase tantos deuses quantos são os dias do ano. Tirava algumas fotos quando me chamaram:

– Jovem estrangeiro! Jovem estrangeiro! – disse alguém ao meu lado.

Quando me virei, um homem barbudo, com o rosto envelhecido sob o turbante, tocava meu ombro. Seu inglês era um tanto carregado no sotaque, mas compreensível. Ele prosseguiu:

– Você, estrangeiro, não é um turista comum.

– Por que diz uma coisa dessas?

– Posso ver em seus olhos. Na verdade, posso ver em seus olhos muito mais do que isso. Vejo um jovem à procura de algo que não conseguiu obter em sua própria terra. Vejo que não se trata de nada material, pois o menino pobre cresceu e nesse aspecto a sorte já lhe sorriu. Sua alma é que precisa de alimento. Atravessou o mundo e veio até a Índia procurar esse alimento. Tem um desejo, e não pretende voltar enquanto não realizá-lo.

Era a pura verdade! Como pode um velho indiano, que eu jamais vira, saber a meu respeito? Fiquei muito excitado, já quase concordando com o relato. Era isso mesmo, estava querendo realizar meu *sonho íntimo*. Fui interrompido:

– Não diga nada, jovem estrangeiro. Apenas venha comigo. Vou ajudá-lo em sua busca.

Acompanhei-o até uma velha porta, numa ruela próxima ao templo. O ar estava carregado de incenso e havia pouca luz. Depois da entrada, o velho me conduziu ao interior de uma espécie de tenda, dentro da qual havia um pequeno altar. Pediu que eu deixasse meus objetos de lado e me sentasse no centro da tenda, na posição de meditação típica dos indianos, com as pernas cruzadas. Ele se pôs de frente para mim na mesma posição.

– Você tem um papel qualquer? – perguntou.

Arranquei uma folha em branco de meu caderno de anotações e lhe entreguei. Ele a colocou no chão, entre nós. Falando pausadamente, o velho indiano disse que eu deveria fixar os olhos no papel e me concentrar em minha procura. Então começou a entoar um som baixo e contínuo, murmurando coisas que não consegui entender.

Muitos minutos depois, aconteceu. Não saberia dizer precisamente como ele fez, mas o fato é que, à medida que murmurava, foram surgindo pequenas manchas no papel. No começo, minúsculas como sujeirinhas, que aos poucos foram se ligando umas às outras formando desenhos estranhos. Então reconheci: era sânscrito! Letras, palavras, frases inteiras em sânscrito foram brotando sem que o velho indiano movesse um dedo sequer.

Tive um impulso de pegar o papel nas mãos, mas me contive num misto de medo e respeito. Sim, seria muito mais sensato esperar que o velho terminasse para depois guardar o papel e tratar de traduzi-lo. Afinal, a realização de meu *sonho íntimo* podia estar lá.

Quando o ritual acabou, estava exausto. Minhas pernas e costas doíam depois de quase uma hora numa posição à qual ainda não estavam acostumadas. O velho dobrou a folha e me entregou.

– Agora vá, meu filho. Isso lhe pertence. Não me pergunte o que está escrito, pois não sei. Quem gravou essas palavras foi seu próprio coração. Só lhe peço que não me pague nada, não me pergunte nada e não olhe para trás. Estou apenas cumprindo minha missão nesta vida, e isso já é suficiente para mim.

Então o velho chamou um menino que me levou apressadamente até uma avenida onde eu poderia encontrar o caminho do hotel.

Dentro do quarto, minhas mãos tremiam quando abri a mochila e tirei o misterioso papel. Abri com cuidado. Estava tudo lá. No meio da euforia de ter passado por uma experiência fantástica com tão pouco tempo de Índia, ocorreu-me que meu tesouro poderia ser roubado ou perdido. Era um medo infantil, mas, por via das dúvidas, tive a ideia de fotografá-lo.

Voltei à mochila para pegar minha câmera, mas não estava lá. "Droga", pensei, "deve ter caído na casa do velho indiano. O pior é que jamais conseguirei voltar àquela ruela." Escondi como pude a folha e não saí mais do quarto, até adormecer. Só pensava em acordar cedo e procurar um jeito de traduzir aquele texto.

No dia seguinte, procurei a Universidade de Nova Delhi. Com muita dificuldade, consegui ser recebido, no fim do dia, por um professor de sânscrito, muito simpático e atencioso. Por precaução, omiti a origem do documento. Ele pareceu ter sentido minha imensa necessidade em saber o que estava escrito. Posicionou-se à sua escrivaninha, começou a ler, enquanto eu aguardava ansioso.

– Vejamos... hum... – ele tirou os óculos e abriu um sorriso complacente. – Tenho más notícias, rapaz. Aqui não está escrito nada.

Senti minhas pernas ficarem bambas.

– Co... como assim?

Nada. Algumas letras em sânscrito, outras apenas rabiscos, e só.

– Não pode ser...

– Infelizmente, pode sim. Quanto você pagou por isso?

De repente, entendi tudo o que havia acontecido na tenda do velho de turbante. Envergonhado, admiti que paguei aquele papel inútil com minha máquina fotográfica, uma caríssima Nikon.

O professor me olhou com gravidade:

– Você deve tomar mais cuidado. Na Índia não faltam magos ou simples fabricantes de fenômenos. Marco Polo já havia relatado seu encontro com esse tipo de homens quando passou pela China, Tartária e Tibete. São técnicas milenares. Ocorre que, com o passar do tempo, essas práticas podem perder seu sentido espiritual. Assim, vazias de significado, viram apenas truques.

Capítulo 2

Sem dúvida nenhuma, havia chegado a hora de partir de Delhi. A realização de meu *sonho íntimo*, definitivamente, não estava lá.

Onde estaria, então? Se esse sonho, que me acompanha no decorrer de minha vida, ao menos fosse um sonho comum... Muita gente almeja ter uma família, construir uma carreira ou erguer uma casa. São metas simples de definir. Isso não significa que sejam fáceis, pois também podem custar um esforço imenso para quem as quer alcançar. Em todo caso, é possível para essas pessoas traçar um plano, subir um a um os degraus da escalada e comparar a cada passo sua situação com a dos vizinhos – afinal, muita gente tem família, casa e carreira.

Não era esse o meu caso. Desde pequeno carrego uma estranha sensação: a de que deve existir um motivo, uma razão para estarmos vivos. A pergunta surgiu quando eu tinha seis ou sete anos. Nessa idade, as crianças têm mania de perguntar o porquê de tudo. Por que o céu é azul? Por que meu irmão é mais velho do que eu? Por que a noite é escura? Por quê? Por quê? De um grãozinho de arroz perdido no chão da cozinha aos limites do Universo, tudo é motivo, nessa idade, para um bom e sonoro "por quê"?

Muitos pais ficam irritados quando não conseguem responder a perguntas tão simples – e profundas. Outros respondem qualquer coisa, na esperança de que essa fase passe logo, assim como passou para eles próprios. Quanto a mim, aconteceu de um jeito um pouco diferente. Uma dessas perguntas permaneceu viva e crescera junto comigo. Dia após dia. Ano após ano. Cada minuto de silêncio era preenchido por esse desejo: descobrir a Razão da Vida.

Aos oito anos, tive um sonho. Estava em São Paulo, a única cidade que conhecia até então, voltando para casa depois do trabalho, feliz por ter conseguido algum dinheiro para ajudar minha mãe nas despesas. No caminho, subitamente, a pergunta veio à minha cabeça. E a resposta apareceu dentro de mim! É difícil explicar essas coisas que acontecem nos sonhos. Parecia uma espécie de calor no coração, que tinha a estranha propriedade de me tornar leve como uma pluma. Até que comecei a voar. Cada vez mais alto, vi a cidade de longe, exatamente como se vê dos aviões (que eu nem sequer conhecia). Estava certo, porém, de que podia voar graças ao fato de ter descoberto a Razão da Vida.

Acordei no meio da noite, um pouco assustado, um pouco com aquela gostosa lembrança de poder voar ainda viva. Consegui aos poucos recompor as imagens – mas não os pensamentos. As informações que vivi naquele sonho, a Razão da Vida que tanto me atraía, isso tudo ficou submerso em algum lugar dentro de mim.

Desde então não cansei de buscá-la. E era isso que estava fazendo, a 15 mil quilômetros de casa. Meu *sonho íntimo* era descobrir a Razão da Vida. Só assim poderia encaixar a última peça de um quebra-cabeça que ficou incompleto quando eu era criança.

Esses eram meus pensamentos quando saí de Delhi, rumo ao Rajasthan. Apesar de resultados tão desanimadores na cidade, eu não podia desistir. Voltar seria como trair a confiança de uma criança – eu mesmo –, e isso estava fora de cogitação. Assim tem sido a minha vida. A simples lembrança dos olhos arregalados do menino na escuridão, prometendo a si mesmo que quando crescesse descobriria a Razão da Vida, sempre foi suficiente para superar os mais diversos obstáculos.

Resolvi viajar para o Rajasthan por terra. Desse modo ficaria um pouco longe das aglomerações de turistas e, consequentemente, dos fabricantes de fenômenos. Passei por planícies repletas de azederaque, a planta conhecida por árvore do rosário, pois o caroço de sua fruta é usado na confecção de rosários.

O Rajasthan é um dos mais áridos, mas não menos belos, estados da Índia. Num país de contrastes tão gritantes, os desertos do Rajasthan não fogem à regra. Rodeados por areias tórridas, há palácios belíssimos que parecem flutuar sobre lagos. São obras muito antigas, muitas das quais funcionando hoje como hotéis.

A primeira cidade que conheci no Rajasthan foi Alwar, um lugar pitoresco e cheio de pontos históricos. O Museu de Alwar, por exemplo, guarda uma notável coleção de pinturas em miniatura, manuscritos, armas antigas e uma mesa de jantar em prata maciça, muito famosa por ter despertado a curiosidade até de visitantes reais.

Parei em Alwar por dois dias, apenas o tempo necessário para os preparativos de um projeto mais audacioso: iria até a capital de Rajasthan, Jaipur, a pé, pelo deserto do Thar. Seguiria à beira da estrada, o que me permitiria entrar e sair do deserto sem grandes riscos de me perder.

Encontrei ascetas e seus estranhos rituais. Um deles, enterrado na areia até o pescoço, sabe lá Deus há quanto tempo, lembrou-me os pagadores de promessa do Nordeste brasileiro, só que numa versão muito mais radical. Vendo a toda hora gente que se submetia a suplícios e neles pareciam encontrar a glória, propus a mim mesmo ficar por dois dias no deserto, totalmente isolado e sem comer.

Saí bem cedo, andei alguns quilômetros, até algum lugar onde pudesse estar só, e me instalei entre as pedras para meditar. Levava água e alguns objetos indispensáveis.

Ao cair da tarde, a falta de alimentação começou a surtir efeito sobre minha meditação. Quem já ficou um longo período sem comer sabe: passado o primeiro impulso, o do apetite, o próprio corpo se encarrega de camuflar a fome. Aos poucos, uma leve tontura se instalou. Quando se trata de uma opção voluntária, porém, tudo muda de figura. A tontura, longe de ser um incômodo, passa a ser um estímulo.

Sentia o vento frio anunciando a noite desértica e observava um lindo pôr-do-sol. A lenta dança das nuvens me fez lembrar de Isaías, meu grande amigo e mestre. Ali, em pleno deserto, aproveitei para recordar meu primeiro encontro com aquele que foi o principal responsável pela minha ida à Índia.

Conheci Isaías na praça da Sé, em São Paulo. Eu trabalhava por perto e gostava de passar pela praça todos os dias, observando as pessoas, conversando com as crianças de rua, aconselhando, ouvindo, fazendo o que pudesse para ajudá-las. Entre muitos frequentadores da praça, havia Isaías. Velho, mas altivo em seus cabelos grisalhos, parecia um mendigo chique e aristocrático, já que carregava consigo uma pasta preta da qual vivia tirando papéis, ora para ler, ora para escrever. Estava sempre sozinho, sentado no mesmo banco. Era mesmo uma figura especial, daquelas que nos deixam sem saber se a mendicância é um sintoma de lucidez ou se a aparência de lucidez é que disfarça um fracasso.

Fui eu quem tomou a iniciativa de sentar ao seu lado, naquela fria manhã de domingo. Tinha acabado de assistir à missa na Catedral da Sé. Ao me aproximar do banco em que ele estava, senti um ligeiro calafrio, mas não dei muita importância.

– O senhor se incomodaria se eu me sentasse? – perguntei.

– De maneira alguma, rapaz – ele disse enquanto guardava seus papéis na pasta preta. – Será uma honra para um velho feio ter ao lado um jovem tão simpático e elegante!

Eu estava meio sem graça de abordá-lo. Acabei fazendo perguntas um tanto confusas:

– Frio, não? Quer dizer... eu não estou mesmo incomodando?

Ele sorriu com o meu jeito atrapalhado:

– Não, não, meu rapaz. Já faz muito tempo que o observo, e sempre tive curiosidade em conhecê-lo. Pois então vamos logo nos apresentar. Meu nome é Isaias.

– O meu é Ethan. Sei que estou sempre de passagem por essa praça, mas também me sinto seu habitante. Na verdade, me parece curioso nunca ter conversado com o senhor. Conheço todos por aqui, de trabalhadores a crianças abandonadas, tão carentes!

Isaías foi rápido e cortante, de uma forma até estranha para uma conversa corriqueira de domingo:

– Em primeiro lugar, esqueça essa história de "senhor". Não nasci com esse nome... Agora, me permita corrigir isso que você disse: crianças carentes. De onde você tirou a ideia de que elas são carentes?

– Ora, são carentes porque não têm família, foram abandonadas. Precisam de cuidados, por isso são carentes.

– Ethan, sempre que existe algo abandonado, é porque existe um abandonador! Porém, nosso primeiro impulso é ficar recolhendo o que foi abandonado, como se isso resolvesse o problema, quando na verdade só acalma nossa consciência. É preciso cuidar do abandonador! Esta é a verdadeira doença a ser curada. O abandonador quer que o mundo se torne responsável por seus fracassos e sua incapacidade de formar e manter uma família. Jamais reconhece que o motivo desse fracasso é sua própria irresponsabilidade. No fundo, não é capaz de suportar a si mesmo; como então poderia suportar os outros? O abandonador, meu caro, pretende que a sociedade sirva de mesa para seus pileques emocionais e de cama para suas ressacas existenciais.

Estava pasmo. Esperava tudo daquela estranha figura, menos tamanha lucidez. E isso era apenas uma amostra.

– Não há um só pássaro que abandone seu filhote antes que ele saiba voar e alimentar-se sozinho – prosseguiu Isaías. – Alguns homens, porém, acham que ter um filho é apenas um acidente genético. A sociedade que resolva. Enquanto isso, leilões de animais movimentam milhares de dólares, em troca de raças desenvolvidas com muita técnica. Não deixa de ser irônico: sabemos como criar e valorizar animais, mas esquecemos como se cria gente. Conseguimos grudar uma etiqueta de preço no dorso de um cavalo de raça, mas não somos capazes de pendurar um sorriso no rosto de uma criança. Muitas vezes nos alegramos quando nasce uma criança e choramos quando ela morre. Porém, nos esquecemos dela enquanto vive. Não posso acreditar que o "gerente do céu" faça nascer crianças já com um rótulo na testa: esta será abandonada; esta outra, carente; aquela, um bandido. Se agisse assim, esse gerente seria despedido do céu e não arrumaria emprego nem no inferno.

As imagens de Isaías, a forma clara como encadeava os pensamentos e tornava plausíveis comparações aparentemente absurdas me fascinavam.

–Tanto progresso, tanta evolução, tantas fábricas ultramodernas... e não conseguimos fabricar gente. Isso mesmo, uma Fábrica de Gente. Seria bastante razoável para os dias de hoje. De sua linha de montagem sairia um produto que ensinasse as pessoas a despertarem para o tesouro que carregam em si. O amor seria produzido em infinita escala, e depois distribuído nas prateleiras da existência, pronto para ser consumido! Qualquer pessoa seria acionista da Fábrica de Gente. Ações seriam vendidas ao preço de um largo e profundo sorriso. Uma fábrica desse tipo teria um efeito imediato sobre essas crianças: condenaria todos os abandonados e abandonadores a uma saudável Pena de Vida.

Isaías prosseguiu em seu discurso. Falava de coisas simples, mas com a força irresistível da verdade. Mostrava, por exemplo, como é difícil reformar o mundo sem amor. Provava que ninguém pode dividir o que não tem dentro de si e que não é possível, a quem não reconhece a própria ignorância, correr ditando ordens para os outros.

Então, eu lhe falei de minha busca. Pela primeira vez, senti confiança suficiente para contar a alguém sobre minha necessidade, irredutível, de descobrir a Razão da Vida. Isaías sorriu:

– Ethan, todas as pessoas carregam dentro de si o que eu chamo de *sonho íntimo*. Eu mesmo não sou exceção. Para mim, todo sonho é a semente da realidade, pois não termina quando acordamos; ele apenas começa, pois é acordado que você tem a chance de torná-lo real. Considero abençoado aquele que sonha, pois tem dentro de si a inocência da criação. Seu *sonho íntimo* remete a sua Inocência, à leveza de seu ser, à ausência de egoísmo e materialismo em seu coração. Talvez, Ethan, eu possa auxiliá-lo na realização de seu *sonho íntimo*...

Isaías contou que também lutara para realizar seu *sonho íntimo*. Revelou que estivera por muito tempo na Índia, buscando também encontrar a Razão da Vida que eu tanto procurava. Mal podia crer. Finalmente encontrei alguém com quem compartilhar meu sonho! Perguntei imediatamente se havia alcançado seu objetivo, qual era então a Razão da Vida, mas logo me dei conta da ingenuidade da pergunta. Era tão tola quanto um estudante que pedira ao grande cientista para lhe entregar, dentro de uma caixa, todo o seu conhecimento...

Isaías não respondeu. Parou de falar e fitou o céu de um jeito especial. Era como se estivesse caminhando entre as nuvens, conversando com elas.

De certa forma, aquele era o mesmo céu que eu olhava, no deserto do Rajasthan, quando relembrei esse episódio. Afinal, os céus não são tão diferentes uns dos outros. Diferem muito mais aos olhos de quem os vê.

A lembrança de meu primeiro encontro com Isaías – até então o grande acontecimento de minha vida – surgiu para mim como um prato de comida e um cobertor reconfortante. Naquela noite, adormeci entre as pedras do deserto como se estivesse na mais ampla e luxuosa suíte de hotel.

No segundo dia, a fome voltou a incomodar. Para me distrair, decidi caminhar um pouco, tentando tomar todo o cuidado para não me perder, pois os mapas de que dispunha não eram muito confiáveis. Trazia comigo, porém, uma bússola suíça, um presente que ganhei de meu avô. Era um instrumento antigo, de excelente qualidade. Talvez fosse o que tinha de mais valioso e, de certa forma, também o era para mim. Cada vez que eu consultava aquela bússola, sentia a mão segura de meu avô me conduzindo pela vida.

Ainda pela manhã, ouvi ruídos ao longe. Fixando a vista, percebi que se tratava de uma caravana de camelos, que aparentemente se dirigia a Jaipur, a capital do Rajasthan. Um dos camelos desgarrou-se, veio em minha direção e parou a alguns metros, me observando. Logo atrás dele, um homem corria e gritava:

– Swapna! Swapna! Volte aqui!

Ele se dirigia ao camelo e finalmente conseguiu alcançá-lo. Swapna era o nome do animal e eu não compreendi o significado. Talvez fosse uma palavra em híndi, talvez em algum outro dos inúmeros dialetos da Índia.

Então, o camelo novamente fugiu em minha direção. Desajeitado, veio perigosamente para cima de mim. Pulei para o lado, mas tropecei e caí de cara na areia. Quando o homem finalmente conseguiu dominá-lo, olhou-me e, percebendo que eu era estrangeiro, perguntou em inglês:

– Você está ferido? Precisa de ajuda?

– Não, obrigado – respondi, enquanto me limpava da areia. – Estou bem.

Olhou para mim com um ar interrogativo, como se estivesse decidindo se acreditava ou não.

– Tem certeza? Você me parece um pouco fraco.

– Não precisa se preocupar. Sei onde estou. Mais uma vez, obrigado. Por favor, pode voltar ao seu trabalho.

– Bem, seja como quiser. Em todo caso, tenha cuidado com o deserto. Para um estrangeiro como você, esse lugar pode ser muito perigoso.

E se foi, sem olhar para trás, deixando em mim uma sensação boa, como se ali eu tivesse encontrado meu primeiro amigo naquele país. Apesar disso, não tive a ideia de lhe perguntar o nome.

À parte o incidente da manhã, o dia foi tranquilo. Calor, fome, uns poucos insetos. E muitas lembranças. Tantas que fiquei com a impressão de que no deserto não há presente. Há apenas passado – e futuro.

A tarde caiu rapidamente e a pouca luz me deu o alerta de que precisava me preparar para a noite antes que escurecesse totalmente. Achei algumas rochas do tamanho certo e arrumei as coisas num lugar que me pareceu seguro. Procurava fazer movimentos vagarosos, mas precisos. Estava há mais de trinta horas sem comer e a energia devia ser bem administrada. Mais uma noite no deserto e meu jejum planejado terminaria. Poderia voltar à estrada e retomar minha viagem a Jaipur, tal como fizera Isaías muito tempo atrás.

Enquanto estendia a manta, senti algo como um vento rápido atrás de mim. Virei-me imediatamente, assustado, mas nada vi. Um barulhinho por trás da pedra, porém, denunciou dois olhos me observando. Era um pequeno macaco, desses que há aos montes pelas ruas da Índia. "Simpático", pensei. Estendi a mão num gesto amistoso, mas ele, arisco, fugiu. Então notei, por uma fração de segundo, um brilho em sua mão.

A intuição, aguçada, dirigiu meus olhos para onde deveria estar a bússola. Nada! O danado do macaco levou minha bússola, a bússola do meu avô! Numa tentativa desesperada, quis alcançá-lo, mas o que fazer com tão pouca luz? Corria em círculos, tropeçando nas pedras, agitando os braços como um louco. Tudo em vão.

Ofegante, parei para raciocinar. E agora, o que será de mim? "Calma, Ethan", pensei comigo. "Não gaste suas energias à toa. Você vai acabar piorando as coisas." Respirei fundo, olhei para a escuridão em volta e tentei controlar o pânico. Deveria dormir, acordar e decidir, pela manhã, se a melhor opção seria caminhar ou esperar socorro. Certamente encontraria alguém. Afinal, há quase um bilhão de pessoas na Índia. Alguém tem de passar por aqui.

Isso de fato aconteceu, só que dois dias depois! Ou seja, muitas horas após meu último gole de água. A fome e a sede, na verdade, não foram meus maiores inimigos. O que doía mais era o medo. Praticamente não saí de perto daquelas pedras, mesmo sabendo que não estava tão longe da cidade. Temia me perder ainda mais se resolvesse sair andando sem direção.

Lidar com o medo foi a grande lição da minha permanência no deserto. A proximidade da morte tem essa face dupla: paralisa pelo pavor, mas também é a situação mais propícia para a reflexão. Perceber isso me ajudou a controlar não só o medo, como também a superar a ideia de desistir dessa viagem – que eu já estava considerando impossível.

Quando fui resgatado por um indiano, que, aliás, soube resgatar também boa parte de meu dinheiro em troca da boa ação, a decisão já estava tomada: seguir em frente. Já tive minha dose de perigo, pensei comigo. E concluí que um raio nunca cai duas vezes no mesmo lugar.

Os outros dias de estrada, que retomei depois de um período de recuperação na cidade, transcorreram sem grandes problemas. Conheci algumas ruínas, restos de palácios monumentais esculpidos há séculos naquela terra seca. Em volta deles, muita miséria e a "salada" espiritual a que eu já me acostumara. Conversei com ascetas, monges e homens simples, na esperança de encontrar pistas que me levassem ao meu destino. Na maior parte do tempo, porém, estive sozinho, e foi a solidão árida que me ajudou a colocar as ideias em ordem.

No contato com os indianos, abandonei a ideia de que eu poderia ser mais esperto ou mais sábio do que eles. A estratégia de tentar decifrar suas intenções conforme me pedissem ou não dinheiro já havia se mostrado ineficaz na primeira vez. Nessa disputa de espertezas, era óbvio que eu, um estrangeiro ingênuo, sairia perdendo. Então, descobri que a melhor forma de obter informações que me ajudassem a chegar aonde queria era perguntar diretamente.

Foi assim que, nos templos e ruínas perto de Jaipur, passei a perguntar, a quem me parecesse interessante, por um homem chamado Patmos.

Quem me falou sobre Patmos pela primeira vez foi Isaías, em um dos nossos encontros. Lembro-me bem de suas palavras:

– Segui em direção à Índia à procura de Patmos. Não sabia ao certo como encontrá-lo, mas tinha certeza de que conseguiria. Dentro da minha verdade, acredito que Jesus caminhou pela Índia e foi treinado numa das mais antigas escolas secretas de lá, chamada Essênia. Jesus teve um aprendizado constante durante 20 anos. Creio que ele foi primeiro para o Egito, e depois para a Índia. Com o tempo, os cristãos abandonaram essa ideia, pois não aceitavam a hipótese de Jesus ter sido preparado como homem; talvez achassem humilhante, para o filho de Deus, precisar ser preparado. Ele deveria vir pronto. Porém, se alguém já estiver totalmente pronto, não acredito que precise vir.

– Você está me dizendo que Patmos é Jesus? – Mais uma vez, Isaías não respondeu diretamente.

– Patmos, Ethan, é alguém muito especial. Trago-o em meu coração como um verdadeiro iluminado, alguém que realmente conhece a Razão da Vida. Sendo considerado, por aqueles que conseguiram conhecê-lo, como alguém que carrega em si a "consciência crística", passou a ser chamado pelo nome de Patmos, que significa "morar com Deus". Encontre-o, meu jovem Ethan, e conseguirá realizar seu *sonho íntimo*.

Foi no Forte de Amber, perto de Jaipur, que obtive a primeira pista segura sobre o paradeiro de Patmos. Amber foi a antiga capital das tribos Mina, consideradas nativas da região. Os visitantes do forte são levados por um elefante todo pintado até o alto de uma colina, onde podem admirar portais gigantescos, pátios, escadas e pavilhões suspensos que evocam a glória e a riqueza da associação de Amber com os mongóis.

Continuando meu plano, seguia apenas minha intuição: escolhia pessoas a esmo e perguntava por Patmos. Um garoto indiano, que se oferecia aos turistas como guia em troca de algumas rupias, foi uma dessas pessoas. Falei a ele sobre Patmos. O menino estendeu a mão pedindo dinheiro e só depois respondeu. Na verdade, fez apenas um gesto, apontando para um velho sentado numa escadaria.

O velho vendia bolsas e sacolas de couro, muito bem-feitas, mas simples demais para serem atrativas aos turistas, ávidos por suvenires cheios de símbolos complicados. "Será mais um pequeno golpe?", pensei, enquanto me aproximava. Concluí, pela ausência de turbantes e adereços em suas roupas, que o velho não fazia o tipo de um enganador. Parecia apenas um pobre artesão. Porém, como ter certeza?

Já tinha decidido nunca mais medir minha esperteza com os indianos, mas um pequeno inseto na areia deu-me uma ideia – e mais uma vez não resisti. Antes de me apresentar ao velho, segurei o bichinho na mão direita e perguntei:

– Tenho um inseto nesta mão. Você é capaz de me dizer se ele está vivo ou morto?

Era impossível acertar. Se ele dissesse "morto", simplesmente soltaria o inseto. Se respondesse que estava vivo, bastaria esmagá-lo antes de abrir a mão. Não adiantaria usar qualquer poder divinatório, qualquer visão de raios X. Eu mesmo não conseguiria escapar de uma cilada dessas. Sua resposta, porém, foi surpreendente. Ele me olhou por alguns instantes, com muita serenidade, e disse:

– O destino desse inseto está em suas mãos, assim como o seu próprio destino.

Ao ouvir seu veredito, senti um calafrio estranho. Logo depois, um choque: era o mesmo calafrio que havia experimentado quando conheci Isaías! Fiquei paralisado à sua frente, atônito. Então, ele se levantou, também em silêncio, segurou meu braço e me conduziu para sua casa.

Foi uma caminhada bastante desagradável para mim. Estava, de novo, totalmente à mercê dos acontecimentos, dessa vez sem conseguir sequer falar. Com a vontade entorpecida, a situação se apresentava para mim como o centro de um redemoinho.

Finalmente chegamos à sua casa e então me senti melhor. Minha voz soou um tanto indecisa, mas pelo menos se despregou da garganta:

– Posso saber o que está acontecendo?

– Você procura por Patmos. Mas ele não está aqui.

Não me surpreendi com a adivinhação, e tampouco me pareceu que o velho artesão pretendesse se exibir. Um pouco mais à vontade, soube seu nome – Ananda – e ensaiei algumas perguntas sobre Patmos. As informações, como era de esperar, foram bastante vagas. Tentei, então, saber pelo menos a qual rosto deveria procurar. Foi uma longa resposta:

– Ninguém jamais conseguiu esboçar ou reproduzir seu rosto, nem mesmo aqueles que estiveram próximos dele. Sua pergunta me faz lembrar de três lendas medievais que tentam explicar a impossibilidade de reproduzir o semblante de Jesus Cristo. A primeira lenda conta que, imediatamente após a ascensão de Cristo, seus discípulos estavam reunidos no quarto de Sião, tristes e aflitos por não poderem mais ver o rosto do Senhor. Então, pediram ao pintor Lucas que o reproduzisse. Lucas, porém, recusou-se, afirmando que a tarefa era impossível a um ser humano. No entanto, passados três dias de jejuns e súplicas, acreditando na ajuda do céu, ele terminou por aceitar. Traçou o contorno do rosto em negro sobre uma tela branca, mas, antes mesmo que tocasse os pincéis e as tintas, todos viram a face miraculosa surgir subitamente na tela.

"A segunda lenda", prosseguiu, "conta que por três vezes, ainda quando Jesus estava na Terra, Lucas tentou reproduzir sua face para Verônica. Porém, por três vezes, comparando o rosto da tela com o rosto vivo de Jesus, percebeu que não havia a menor semelhança e ficou muito triste. Presenciando o fato, Jesus disse: 'Filho, não conheces meu rosto, só o conhecem lá de onde eu vim'. Então, aceitando a refeição que Verônica lhe oferecia, Jesus antes disso lavou o rosto, enxugou-o em uma toalha e sua face ficou estampada nela."

Então ele contou a terceira lenda:

– Esta diz que, quando Jesus subia rumo ao Calvário, curvando-se ao enorme peso da cruz, com suor e sangue escorrendo de sua fronte, Verônica lhe estendeu um sudário, no qual Ele deixou sua face impressa, de maneira terrível, como citou o profeta: "Seu rosto estava tão desfigurado e seu aspecto diferia dos filhos do Homem". As três lendas ensinam que somente no coração dos que amam Jesus e sofrem com ele sua face inexprimível se tornaria impressa, assim como no sudário de Verônica.

"Quanto ao rosto de Patmos", ele completou, "posso apenas lhe dizer que ele terá a forma que seu amor lhe der, pois somente o amor poderá imprimir um rosto universal."

– Mas você pode afinal me dizer onde encontrá-lo?

Ananda me olhou, como se quisesse dissecar minuciosamente minha reação:

– Vá até o Himalaia.

Capítulo 3

Himalaia!

Dias e dias na Índia, percorrendo quilômetros e quilômetros, enfrentei a morte no deserto, perdi quase todo o meu dinheiro e agora esse indiano me diz que devo ir para o lado oposto, na cordilheira mais alta do planeta! Era demais. Não consegui conter as lágrimas.

O velho apenas sorria. O mundo desabava sobre mim, e ele me observava como se observasse uma criança tentando montar seu quebra-cabeça. Em certo momento, depois que eu me acalmei, o velho tocou em meu ombro e disse:

– Você *vai* até o Himalaia, e nós dois sabemos muito bem disso... Se quiser um conselho, leve em seu coração a crença de que um bom cavalo corre mesmo à sombra de um chicote. O impossível só o é até o momento em que o transformamos em possível. É assustador quando um abismo nos separa de nossa realização, mas, se nossa fé for maior que o precipício, ela fará surgir uma ponte. Então, poderemos atravessá-lo.

Não sei se foram as palavras ou o toque de sua mão, mas consegui me acalmar. A realidade, porém, estava ali, nua e crua. Não sabia nem como voltar para casa, muito menos como procurar por alguém que ficava mais distante, quanto mais me aproximava. Ananda interrompeu mais uma vez meus lamentos:

– Pare de reclamar! Você ainda não percebeu que seu *sonho íntimo* é bem maior que suas queixas? Ouça, tenho um velho amigo mercador que viaja todos os anos para o Himalaia com sua caravana. É um bom homem. Se eu lhe pedir, com certeza concordará em levá-lo. Mas deixe para decidir amanhã. Hoje você vai ficar em minha casa, descansar e sonhar. Afinal, não é isso que você faz melhor?

Tive de concordar.

No dia seguinte, fui com Ananda conhecer Kabir, o mercador amigo. Quando nos aproximamos do acampamento, na periferia de Jaipur, senti algo de familiar. Ananda cumprimentou as pessoas em híndi e dirigiu-se a um homem, muito ocupado, tentando amarrar um camelo. Ele estava de costas quando chegamos.

– Kabir, meu velho, trouxe alguém que precisa muito conhecê-lo.

– Espere só um minuto, Ananda. Já estou acabando. Preciso dar um jeito nesse camelo fujão... Pronto! Agora você não escapa mais, Swapna – então ele se virou, abraçou Ananda e fez cara de espanto quando olhou para mim. – Ei, não era você que estava perdido no meio do deserto há alguns dias?

– Sim, sou eu – respondi. – E você é o bom viajante de quem eu deveria ter aceitado ajuda, se não fosse tão teimoso!

Kabir deu uma boa risada e fomos todos para uma tenda conversar. Ananda falou de meus planos e eu me apressei em deixar claro que viajaria como ajudante, fazendo algum trabalho. O mercador aceitou de bom grado, explicando que estava mesmo precisando de alguém para cuidar dos animais.

Então avisou que sairia em uma semana, rumo a Katmandu, a capital do Nepal, no Himalaia. Alertou-me sobre o que deveria providenciar, as regras básicas de conduta e o tempo da viagem, já contando com as paradas em várias cidades. Chegaríamos ao Nepal antes do inverno, numa época mais apropriada para andar por aqueles lados, pois no inverno tudo ficaria mais difícil.

Saí de lá cheio de esperanças. Finalmente tinha encontrado gente em quem podia confiar. O curioso é que, enquanto corri atrás de místicos e sábios de turbantes, só encontrei falsidade. Acabei tomando meu caminho pelas mãos de homens comuns, um artesão e um mercador. Nenhum dos dois sabia escrever sem lápis, mas também não conheciam a arte de enganar.

Naquela semana, aprendi muito com Ananda sobre o Himalaia. Ele não só me descreveu com detalhes os lugares, as trilhas e os caminhos, como também me ensinou técnicas ancestrais utilizadas pelos monges e iogues para controlar a fome, lidar com o frio e enfrentar o cansaço, três inimigos mortais de quem se propõe a encarar o topo do mundo. Deu instruções precisas sobre roupas, bagagens e atitudes – especialmente as atitudes interiores. Disse que, em certos momentos críticos, precisaria de muita fé para manter o equilíbrio. Uma boa oração, seja lá qual fosse minha crença, seria tão útil quanto uma fruta suculenta.

Ananda dava suas instruções enquanto passeávamos por Jaipur, uma cidade belíssima, com uma arquitetura de influência hindu, jaina e mongol. São monumentos, palácios, museus, observatórios, um verdadeiro banquete para um turista com alguma sensibilidade cultural. Obviamente não me considerava um turista, mas não pude deixar de admirar construções fantásticas como o Observatório do marajá Jai Singh II, um monarca apaixonado pelas estrelas, e o Hawa Mahal, ou Palácio dos Ventos.

Este último é, na verdade, uma fachada gigantesca, que os guias informam ter mais de 900 janelas, usadas pelas damas da corte para espiar o mundo exterior sem serem notadas. Todo pintado de rosa, como a maioria das construções históricas de Jaipur (essa cor foi pintada em homenagem a uma visita real inglesa no século passado), o Hawa Mahal tem uma particularidade interessante: o vento passa pelas janelas produzindo assobios e sons musicais.

Na noite anterior à partida, disse a Ananda que não sabia como agradecer toda a ajuda que estava recebendo.

– Eu é que devo agradecer – respondeu ele. – Você não sabe, mas está me dando a oportunidade de viver uma história que ouvi certa vez de um pescador em Kerala, há muitos anos.

– Uma história? Então me conte.

– Aconteceu com esse pescador quando tinha 16 anos. Certa noite, caiu uma tempestade muito forte na praia. Os ventos eram terríveis, dobravam os mais altos coqueiros. Quando a tempestade passou, ele notou que a praia estava repleta de conchas, trazidas pelo mar. Eram milhares de conchas, que jamais conseguiriam voltar. Então, o jovem pescador foi recolhendo uma a uma, para em seguida devolvê-las ao mar. Um homem que passava por perto, vendo a cena, disse: "Ei, garoto, ficou louco? Vai envelhecer aqui na praia jogando essas conchas e nem assim conseguirá devolver todas. Que diferença fará? A praia continuará cheia de conchas". Nesse momento, o garoto pegou uma pequena concha em sua mão, atirou-a ao mar e gritou: "Pode não fazer diferença para todas elas, mas para esta fará!". O homem ficou com os olhos cheios de lágrimas e começou a ajudá-lo.

Então percebi, enquanto enxugava meus próprios olhos, que eu mesmo era a concha, nas mãos amorosas do velho e sábio Ananda. Só me restava aproveitar o empurrão.

A caravana partia de Jaipur numa quarta-feira que amanheceu ensolarada. Despedi-me de Ananda com um abraço emocionado. Como último gesto de amizade, deu-me de presente uma nova mochila, feita por ele, para que eu usasse quando estivesse no Himalaia.

Desde os primeiros dias de viagem, procurei me aplicar ao máximo à minha função, seguindo à risca as instruções de Kabir. Era o único estrangeiro do grupo, mas consegui em pouco tempo conquistar a confiança de todos. Aproveitei a convivência diária com os indianos para aprender um pouco mais de sua língua e sua cultura. Ouvia com grande interesse suas lendas e histórias.

Cuidar dos animais era um trabalho duro, mas sabia que Kabir estava satisfeito com meu desempenho. Swapna, o camelo fujão, parecia ter gostado de mim, tanto que estava mais calmo. Quando se afastava de nós, só atendia ao meu chamado. Eu também gostava dele. Parecia um animal decidido, disposto a trocar a comida certa pelos desafios da liberdade.

Uma vez, perguntei a Kabir o que significava Swapna. Estávamos em volta da fogueira, como sempre acontecia naquelas noites frias do deserto, e ele se calou por alguns instantes. Enquanto ajeitava as brasas, começou a contar:

– Swapna nasceu há vinte anos, Ethan. Eu estava com minha caravana aqui, no Rajasthan, indo em direção ao Himalaia, como estamos agora. Levava comigo um homem que, como você, também procurava por alguém chamado Patmos, a fim de realizar o *sonho íntimo* de descobrir a Razão da Vida. Não soubemos se conseguiu; ninguém nunca mais ouviu falar dele. Mas sua história é conhecida entre os mercadores do deserto. Seu nome era...

– ... Isaías! – gritei. – Só pode ser Isaías! Kabir, meu querido Kabir, esta é a melhor notícia de minha vida. Significa que estou no caminho certo.

– Então você conheceu Isaías, Ethan? – perguntou Kabir.

– Se conheci? Isaías é meu mestre, meu guia, ainda que ele próprio não veja as coisas dessa forma.

Passei a contar, desordenadamente, meus encontros com Isaías, enquanto Kabir tentava contar os seus. No meio da confusão de relatos, lembrei-me do início da conversa.

– Mas, afinal, o que significa Swapna, Kabir?

– Swapna, meu amigo, é uma palavra em híndi. Você não está falando direito. A pronúncia correta é S-Ô-P-N-A e significa *sonho íntimo*. Dei esse nome ao camelo em homenagem ao nosso Isaías. Mas nunca tive a chance de contar-lhe!

A felicidade não cabia em meu coração. Tudo se ajustava, como as vozes afinadas de um coral. No emaranhado indiano, consegui achar uma linha, a minha linha, e agora bastava segui-la com coragem e determinação. Mesmo sem ter informações precisas de onde estaria Patmos, sentia que me aproximava dele a cada dia. Cada passo, cada quilômetro eram uma distância a menos. Aos poucos, minha procura por Patmos ia deixando de ser uma busca cega. Era como se eu estivesse simplesmente atendendo a um chamado.

As conversas noturnas com Kabir eram revigorantes e aprofundavam uma amizade que já estava consolidada talvez desde o momento em que o conheci, no deserto. É verdade que o assunto quase não variava. Trocávamos informações sobre Isaías. Somando nossas histórias, era possível ter uma imagem nítida de como era Isaías antes e depois do que parece ter sido uma grande revelação. Exatamente que tipo de experiência foi, isso ainda era um mistério para nós dois.

A caravana seguiu seu caminho, rumo ao nordeste da Índia. Já havíamos passado Nova Delhi havia alguns dias e a paisagem mudava rapidamente. O deserto do Rajasthan tinha dado lugar às florestas centrais de Uttar Pradesh, o estado indiano que faz fronteira com o Tibete e o Nepal. Uttar é a nascente de rios sagrados, como o Ganges e o Yamuna, e de religiões. Foi lá, por exemplo, que Buda nasceu, pregou e morreu.

Uma vez conversamos sobre as religiões. Contei a Kabir o que Isaías pensava sobre o assunto. Foi num encontro em que eu queria saber se, para realizar meu *sonho íntimo*, deveria tornar-me membro de alguma religião. Perguntei também qual era sua própria religião.

– Meu querido Ethan – Isaías respondeu-me na ocasião –, não tenho religião alguma, apesar de considerar-me uma pessoa extremamente religiosa. Vamos dizer que minha religião seja uma investigação a respeito da verdade suprema. Acho mesmo que a religiosidade consiste na prática do amor. Assim, onde quer que ele esteja sendo exercido, ali se encontrará a verdadeira religião.

– Mas há muitas religiões no mundo – respondi. – E todas elas falam do amor. Como saber qual é a melhor?

– Esse é o ponto – Isaías respondeu. – O simples fato de haver muitas religiões, cada uma querendo se impor às outras, disputando as almas como empresários disputam consumidores, já é uma distorção. O maior dano que as chamadas religiões causaram foi impedir que a humanidade encontrasse a verdadeira religião, pois sempre fingiram ser a verdadeira religião. Dentro de minha verdade, vejo uma grande conspiração das religiões contra seres humanos inocentes, a fim de fazê-los sentir-se culpados, pois assim eles podem ser convertidos em escravos e seguidores, aceitando a ideia de ser pecadores com a necessidade de se salvar. Portanto, Ethan, não há necessidade de religiões, pois o grande milagre do mundo é conhecer a nós mesmos e saber que somos imortais, pois estamos além do corpo, além da mente, e somos pura consciência.

Confesso ter ficado um pouco chocado com seus ataques às religiões. Resolvi questioná-lo:

– Admito que você não seja ligado a nenhuma igreja. Mas certamente faz orações, e as orações são ensinadas pelas religiões. Você também não ora?

– É claro que sim, e vou lhe dizer como – disse Isaías. – Orar é telefonar para Deus.

Então contei a Kabir como Isaías me ensinara a orar:

Como fazer uma oração:

"Durante a oração, é importante fortalecer seu coração, como se ele estivesse regido por ordens sagradas; para isso terá de praticar a presença de Deus em cada instante de sua existência. Toda vez que, por algum motivo, seja ele qual for, sua atenção ou ligação com Deus sofrer ameaça de ser interrompida, tenha força e traga-a de volta até sua presença. Não importa quantas vezes tenha de fazê-lo. Seu coração deve sentir-se protegido e esta mesma sensação em breve estará dominando todo o seu corpo, inclusive sua mente.

"Com a oração vivendo em seu íntimo, poderá se considerar senhor de si, pois existem coisas que criamos e somente nós podemos destruí-las, dominá-las ou doutriná-las, de acordo com o que realmente sentimos.

"As pessoas hoje têm uma mente rebelde, por falta de ligação com seu ego superior.

"Quando estiver orando, não se sinta pendurado numa cruz, tendo como apoio suas ideias confusas, medos, ansiedades e erros. Deverá procurar fazer com que sua mente se afaste de tais pensamentos, mesmo que eles ali habitem: deverá tentar tirar o máximo possível de pedras do caminho, para que tudo aquilo que está sendo cultivado em seu coração se espalhe por seu corpo de forma sutil.

"Caso consiga que sua mente fique limpa e transparente, nada irá impedir que sua emancipação íntima corra suas artérias até a mais minúscula de suas veias.

"A voz da terra não poderá encontrar nenhum eco dentro de suas entranhas; terá de se perder, e sem ser notada, pois seria a mesma coisa

que tomar banho em águas puras e depois enxaguar-se com lama. O estado íntimo que conseguir atingir com sua oração terá de ser mantido durante seu sono, seu dia, sua respiração e suas provações. Ele será seu escudo contra o mal que habita sua personalidade e impede a perfeição moral.

"Seja humilde e sincero em suas palavras silenciosas, pois tenha certeza absoluta de que no oculto silêncio de sua alma está contida a veneração divina. Deus reside no silêncio, portanto somente é ouvido no silêncio. O silêncio perfeito é aquele em que nossa boca está cerrada, não alimentando nossos pensamentos distorcidos e duvidosos, no qual deixamos Deus nos dirigir sua palavra, e deixamos atingir com profundidade em nosso íntimo, tendo a certeza de que nosso coração conhece e sente sua sincera e onipotente verdade e sua justa vontade.

"Às vezes a oração pode levá-lo a encarar um processo de autoconhecimento, como se estivesse fazendo um retiro espiritual, onde dedicaria seus dias e horas aos seus próprios pensamentos e suas próprias ideias, usando como sustento sua prece. Assistir a si mesmo ou ser atirado a si mesmo é uma batalha à qual poucos resistem, pois teriam de vencer a baixa natureza humana que habita o íntimo de qualquer pessoa.

"Nessa batalha pessoal, não desanime se sua vitória não for rápida como pede sua vontade, mas anime-se muito ao perceber que está conseguindo um progresso, por mais lento que ele seja. Caso seja um vencedor, terá como prêmio a serenidade. Dentro da minha verdade, acredito que a oração é a única forma de oferecer a Deus louvor e graça. Ora melhor aquele que ama melhor, pois Deus, que ama a todos, criou e ama tudo que existe."

Quando reproduzi as palavras de Isaías, foi a vez de Kabir contar uma história, tal como foi contada a ele por Ananda. Então, ele começou:

A história de Albrecht Dürer:

"No século XV, em uma simplória aldeia da Alemanha, nos arredores de Nuremberg, morava um casal que tinha dezoito filhos. O pai, o sr. Dürer, era ourives e às vezes trabalhava dezessete horas por dia para alimentar sua família. Em muitas ocasiões, exercia até outras funções que pudessem lhe render algum dinheiro extra.

"Mesmo com essa condição humilde e quase sem esperança, dois dos seus filhos, Albrecht e Albert, tinham um sonho: ambos gostariam de desenvolver seus profundos talentos para a arte. Porém, estavam cientes de que seu pai nunca teria meios de mandá-los para estudar numa academia em Nuremberg.

"Depois de muita conversa na família, surgiu a ideia de um acordo: os dois tirariam a sorte; caberia ao perdedor trabalhar nas minas mais próximas para, com o dinheiro que ganhasse, custear a estada do irmão na academia. Assim, quando o vencedor completasse seus estudos, poderia sustentar os estudos do perdedor com a venda de seus trabalhos artísticos.

"Lançaram a moeda, numa bela manhã de domingo, quando voltavam da igreja. Albrecht ganhou a aposta e viajou para Nuremberg. O

irmão perdedor, Albert, foi então para as minas e durante quatro anos consecutivos custeou Albrecht.

"Bem cedo, o trabalho de Albrecht já superava o de seus professores. Na época de sua formatura, já dispunha de muito dinheiro, obtido com a venda de suas obras.

"Quando Albrecht Dürer, agora como um jovem artista, voltou para sua aldeia, foi recebido com uma festa no gramado da casa da família. Após a festiva refeição, Albrecht levantou-se de seu lugar de honra e ergueu um caloroso e profundo brinde a seu amado irmão Albert, pelos anos de árduo sacrifício, os quais lhe deram a oportunidade de realizar seu sonho íntimo. *Com os olhos cheios de lágrimas e muito emocionado, ele disse: 'Agora, Albert, meu abençoado irmão, é a sua vez. Você pode seguir a Nuremberg para realizar seu sonho de ser um artista também; agora cuidarei de você'.*

"Mas do outro lado da mesa estava Albert, com lágrimas rolando pela face pálida, balançando sua cabeça baixa, de um lado para o outro, ao mesmo tempo que soluçava e repetia seguidamente: 'Não... não...' Até que se levantou e, num gesto triste, enxugou as lágrimas, com os olhos baixos em direção à longa mesa, e falou suavemente: 'Não, meu irmão. Não poderei seguir para Nuremberg. Acredito que seja muito tarde. Tarde demais para mim... Veja, olhe bem. Olhe o que quatro anos trabalhando nas minas causaram em minhas mãos! Veja os ossos de todos os meus dedos. Eles foram esmagados. Se não bastasse, a artrite na mão direita não me permite segurar um simples copo para retribuir seu brinde, muito menos trabalhar em traços finos e delicados de uma pena ou pincel. Não, meu irmão... É muito tarde para mim. Tarde demais...'

"Centenas de anos já se passaram e retratos, desenhos a bico-de--pena, aquarelas, carvões, entalhes e gravuras fenomenais de Albrecht Dürer estão nos museus de todo o mundo.

"Mas, de todas as obras de Albrecht Dürer, existe uma especial: é a obra na qual ele, em homenagem ao sacrifício de seu irmão, desenhou esmeradamente suas sofridas mãos, com as palmas unidas e os magros dedos estendidos em direção ao céu. Esse desenho possui uma força espantosa e Albrecht o nomeou de Mãos. *Tal trabalho e homenagem sensibilizou o mundo, que fez deste desenho uma obra-prima, chamando-a de* Um tributo ao amor. *Logo depois, foi rebatizado com o título de* Mãos que oram."

Kabir acabou de contar sua história e ficamos um longo período em silêncio, mexendo na areia. Não nos olhamos, não dissemos nada, mas tenho certeza de que, assim como eu, Kabir estava fazendo sua oração.

Mais de um mês de viagem já havia passado. Atravessamos a planície central do Uttar Pradesh, atingimos a fronteira com o Nepal, na base do Himalaia, e senti que estava chegando o momento de me separar. A caravana seguiria para o leste, em direção a Katmandu, e eu precisava ir ao norte – e para o alto.

Fazia meus planos enquanto arrumava a carga sobre uma das carroças. Quando estava acomodando a última caixa, a corda se rompeu e toda a carga caiu sobre mim. Tentei desviar-me, mas foi tarde demais. Os animais se assustaram e a roda da carroça passou por cima de minha perna direita. Meu grito de dor atraiu imediatamente Kabir e outros homens, que correram em minha direção, assustados.

– Rápido! Rápido! – Kabir gritava enquanto levantava a carroça.

A dor era insuportável. Não tinha coragem nem de ver o que tinha acontecido, mas pelo jeito devia ser muito grave. Kabir tratou de me examinar imediatamente.

– Aguente firme – disse ele. – Vamos ver o que sobrou dessa perna.

Ele dobrou minha perna de todos os jeitos, apertou aqui e ali com a experiência de quem já havia passado inúmeras vezes pela mesma situação. Aos poucos, a dor foi diminuindo, mas a perna começou a inchar.

– Bem, quebrada ela não está. Mas também não está nada boa. Vamos acomodá-lo melhor. Assan! Prepare uma tenda para nosso amigo.

Quando acabou de me acomodar, Kabir sentou ao meu lado:

– Você vai ter de ficar bem quieto por alguns dias. Não se preocupe com nada. Eu cuido de você.

Eu não podia aceitar a proposta:

– Veja, Kabir. Sei que estamos a muitos quilômetros de qualquer lugar, mas não quero, de maneira alguma, atrapalhar seus planos. Já estava chegando o momento de nos separarmos. Você deve seguir em frente e me deixar em qualquer vila. Consigo me virar sozinho.

Na verdade, não conseguiria. Como achar um bom médico no interior da Índia? Na melhor hipótese, teria de gastar o resto de dinheiro em meu bolso para curar a perna – se é que ela de fato ficaria boa – e voltar para o Brasil. Justamente agora, que eu havia encontrado verdadeiros amigos, achado pistas mais seguras de Patmos, retomado o caminho de Isaías. A viagem tinha chegado ao fim.

– Andar pelo Himalaia com a perna desse jeito? – perguntou Kabir, em meio a uma risada. – Ora, meu jovem amigo, você pensa que essas montanhas são Copacabana? Nada disso. Você vai ficar aqui mesmo, e esta caravana não andará um único metro enquanto sua perna não estiver novinha em folha. Que diferença faz? Quantas vezes não tive de atrasar a caravana por causa de tempestades, guerras, conflitos religiosos? Por que não posso fazer o mesmo por um motivo pelo menos justo?

Antes que eu pudesse argumentar, Kabir saiu dando ordens gerais para acampamento. Estava inflexível, e, pensando bem, não havia como obrigá-lo a partir. Depois de tudo encaminhado, voltou à minha tenda, trazendo alguns potes com uma estranha pasta, provavelmente um unguento feito com ervas. Enquanto passava o remédio em minha perna machucada, foi falando, para me distrair da dor:

– Escute bem, Ethan. Você deve estar pensando agora que sua jornada não passa de um capricho pessoal, que teria coisas muito mais úteis a fazer do que ficar andando a esmo por um país estranho, que a realização de seu sonho íntimo não vai mudar em nada os problemas do mundo. Temos nossa atuação nutritiva no mundo quando simplesmente resolvemos pensar em algo bom para ele, um pensamento de bondade já é um processo de ancoramento de energia transformadora, nosso desejo pelo caminho do Bem já causa mudanças em nossos corações que terminam por se refletir em nossas ações e estas no espaço de existência que ocupamos, que é onde as grandes mudanças devem ocorrer. Você é meu amigo, Ethan, e mesmo a mentira de um verdadeiro amigo será minha verdade.

Fez uma pausa enquanto guardava o unguento. Então olhou firme nos meus olhos:

– Acho que está na hora de lhe dizer uma coisa, Ethan. Não estou apenas dando carona a um estrangeiro sonhador. Na verdade, apenas sigo à risca as instruções de um dos maiores sábios deste país.

– Como assim? Quem é ele? Ele sabe alguma coisa sobre mim?

– Muito, muito... – Kabir sorriu. – Seu nome é Ananda. Por trás daquela aparência de um humilde artesão, há um enorme poder.

– Ananda? Mas que espécie de instruções ele lhe deu?

– Antes de sairmos de Jaipur, Ananda me disse que viu em você uma luz especial. Apenas uma pequena luz, mas com o potencial de crescer e fazer um grande bem pelo mundo. Então determinou que eu o trouxesse para o Himalaia e só o deixasse depois de ter certeza de que você não desistiria mais.

– E por que você não me disse antes uma coisa tão importante?

– Ora, porque você não perguntou! – E se levantou, soltando a risada de sempre.

Antes que saísse da tenda, comecei a crivar Kabir de perguntas sobre Ananda, quem ele realmente era, que poderes eram aqueles, se já havia mesmo encontrado Patmos...

– Ei, calma aí, meu jovem amigo. Eu já abri demais minha boca. Trate agora de descansar, porque já estamos perto do Himalaia e sua perna precisa estar em ordem antes do inverno.

Descansar! Ele me pediu para descansar depois dessa revelação extraordinária! O fato é que os dias se passaram e não obtive mais nenhuma informação sobre Ananda. Kabir virava um túmulo quando se tratava desse tema.

Capítulo 4

Uma manta, um cajado e uma mochila. Esse era meu equipamento para enfrentar uma das mais inóspitas regiões do planeta. A partir daquele momento, teria como lar as cavernas do Himalaia e como companhia apenas a paisagem. A bem da verdade, nas cavernas do Himalaia há outros habitantes – monges, iogues, sábios, homens que se isolam dos homens para melhor compreendê-los.

Eu estava a caminho de uma conquista, que sempre faz parte da personalidade dos homens, embora já tivesse aprendido que qualquer conquista só faz sentido se vier acompanhada de um conhecimento interior. Ananda me mostrou isso ao contar uma história sobre Alexandre, o Grande, um dos maiores conquistadores da Terra. Certa vez, numa reunião com sua corte, Alexandre revelou qual seria seu último desejo: ordenou à sua corte que, quando ele morresse, fosse lacrado num caixão, deixando de fora apenas suas duas mãos, viradas para cima. E que esse caixão fosse arrastado pelas ruas de seu reino, mostrando claramente suas duas mãos. A corte indignou-se e respondeu que nunca poderia arrastar pelas ruas as mãos de Alexandre, o Grande, a não ser que ele lhes desse um bom motivo. Alexandre respondeu que era essa sua vontade, pois gostaria que todo o seu povo pudesse ver que o maior conquistador da História morreu de mãos vazias. Provaria, assim, que nada levamos desta passagem pela Terra, a não ser aquilo que cultivamos no fundo de nossa essência e origem.

Naquela manhã, não foi fácil me despedir de Kabir. Cheguei a convidá-lo a me acompanhar. Ele disse que não tinha mais idade para uma aventura dessas.

– Além disso – ele falou em meus ouvidos, enquanto me abraçava –, este é o seu *sonho íntimo*, e não o meu. Vá, meu amigo. O lar das neves está à sua espera.

Achei bonita essa expressão: "lar das neves". Kabir me explicou que esse era o significado da palavra Himalaia, pois "him" quer dizer "neve" e "alaia" quer dizer "lar".

Por um longo tempo, fiquei olhando a caravana se afastar, segurando o cajado feito pelo meu grande e melhor amigo indiano. Quando o último camelo sumiu no horizonte, virei os olhos para as montanhas ao longe, respirei fundo, senti um frio na barriga e um nó na garganta. Mas segui em frente.

Enquanto caminhava, lembrei-me de um fato narrado por Kabir na noite anterior, à luz da fogueira:

– Numa época de grandes guerreiros – disse ele –, o maior deles passou por uma situação que lhe exigia uma decisão firme, que assegurasse a vitória no local da batalha. Ele estava pronto para enviar seus soldados contra um forte inimigo, que possuía um exército bem maior que o seu. Embarcou seu exército, navegou até as terras do inimigo e nelas desembarcou. Logo depois disso, ordenou que seus próprios barcos, que tinham servido de transporte até lá, fossem queimados. Seus soldados ficaram indignados, pois não teriam como voltar. Mas, antes de a primeira batalha ser iniciada, o grande guerreiro disse: "Lá estão nossos barcos, ardendo em chamas. Isso quer dizer que não poderemos abandonar ou fugir desta costa, a não ser no barco do inimigo. Para isso, teremos de vencer. Não haverá escolha... ganharemos ou morreremos todos!". E eles foram vitoriosos. Portanto, Ethan, nosso maior triunfo e glória não está na ausência de fracassos durante nossa escalada, mas no fato de nos levantarmos e continuarmos toda vez que fracassarmos.

À medida que me aproximava das montanhas, sentia que meus próprios barcos estavam sendo queimados. Andei por dez dias inteiros, passando as noites em cavernas, até me instalar numa região próxima ao lago Mansarowar, no monte Kailasa. Preparava verduras e raízes para economizar o *chapatti*, um pão indiano que serviria de alimento em regiões onde não me fosse mais possível obter comida.

Foi enorme minha emoção ao ver pela primeira vez a cordilheira do Himalaia. Ao fundo, longe e imponente, o monte Everest, o mais alto do mundo. Todos os que chegaram ao seu topo, ou ao menos se aproximaram dele, dizem que se sentem como a majestade do mundo, porém sem carregar o peso do reino ou do cetro.

Do lago Mansarowar, onde eu estava, nascem muitos rios que irrigam a Índia. O mais sagrado deles, porém, é o Ganges, que nasce nas montanhas do Himalaia. Alguns explicam o poder curativo de suas águas pelo fato de que, quando nasce nas geleiras de Gangotri, o Ganges arrasta consigo uma grande variedade de minerais nutritivos e terapêuticos. São raras, por exemplo, as doenças de pele entre os aldeões que vivem às suas margens.

A visão dos cisnes do lago Mansarowar trouxe a lembrança da história de Akbar, contada por Kabir quando passamos perto de Delhi. O imperador Akbar viveu em Delhi, na Idade Média. Foi sucessor de Humayun e talvez protagonista do maior *sonho íntimo* de toda a história da Índia. Akbar construiu uma estranha cidade chamada Fatehpur Sikri, para ser a nova capital de seu império no lugar de Delhi. Sua intenção era fazer uma cidade especial, uma verdadeira obra de arte em que cada casa fosse um palácio. Morreu quarenta anos depois, um pouco antes de concluir sua obra. Ninguém nunca se mudou para Fatehpur Sikri. Ela se tornou talvez a única cidade do mundo com construções e palácios tão belos que nunca viram nenhum habitante.

Certa vez, Akbar construiu um açude em seu palácio e mandou trazer os mais belos cisnes desse mesmo lago Mansarowar. Um dia antes de os cisnes chegarem, resolveu encher o lago com leite. Seria um gesto de boas-vindas, pois, segundo acreditava Akbar, tais cisnes eram tão sublimes que detinham o poder de separar a água do leite.

Seu problema era: como encontrar tanto leite? O primeiro-ministro sugeriu que ele convocasse todos os súditos, para que cada um despejasse um pequeno balde de leite no açude antes do amanhecer. Como havia muitos súditos, certamente estaria cheio de leite pela manhã.

Porém, quando o imperador acordou para conferir o resultado, que decepção: só havia água. Aconteceu que cada um de todos os habitantes da cidade teve exatamente o mesmo pensamento: "Será apenas um mísero balde de água entre milhões de litros de leite. Ninguém vai notar nessa escuridão".

Pois era isso o que eu fazia no Himalaia, naquele preciso momento: enchia meu balde de leite, sem me importar com o que os outros dissessem. Fazendo apenas minha parte, como diria Kabir.

Descobri rapidamente que as manhãs no Himalaia são tão calmas e serenas que impulsionam qualquer novato ao silêncio. Não deve haver lugar no mundo tão apropriado para a meditação. O céu de lá é maravilhosamente belo e abriga os mais antigos viajantes daquela região; nuvens flutuantes vêm da baía de Bengala. São tão magníficas que um poeta chamado Kalidasa as usou como mensageiras para levar um recado à sua amada, que estava solitária no Himalaia.

Mas o que mais me impressionou em meu primeiro contato com o Himalaia foram suas flores. Orquídeas e lírios eram minhas preferidas, mas nada superava o prazer de ver pela primeira vez a flor-rainha do Himalaia, a raríssima *himkamal*, conhecida como lótus-da-neve.

Era curioso como a beleza frágil e efêmera de uma única flor era capaz de produzir em mim tanto êxtase quanto a visão esplendorosa de uma cordilheira de dois mil e quatrocentos quilômetros. Era como se todas aquelas montanhas gigantescas estivessem ali com o único propósito de proteger as minúsculas orquídeas, num equilíbrio delicado e divino.

Passavam-se as semanas e eu prosseguia caminhando a esmo, admirando esse espetáculo. Na verdade, perdi completamente a noção de tempo, mas não o objetivo: seguir para o norte, em direção a Caxemira. Conforme os quilômetros iam ficando para trás, a vida no Himalaia se tornava mais difícil. As lições precisas de Ananda foram vitais para que eu pudesse sobreviver em condições tão pouco favoráveis.

Mais do que esse pequeno treinamento, porém, o que me mantinha de certa forma imune aos perigos terríveis do Himalaia era a sensação de estar no caminho certo. Eu podia sentir em cada cristal de gelo, em cada lufada de vento e em cada minuto de silêncio a presença de Patmos. Era uma questão de me manter alerta, com o espírito absolutamente aberto para saber reconhecer seus sinais.

Durante todo esse longo período no Himalaia, não dispensei, naturalmente, o contato com sábios e monges das cavernas. Perguntava a todos sobre Patmos, mas tinha o cuidado de prestar mais atenção em seus olhos do que em suas palavras. Falava, também muito raramente, com os outros habitantes da região, em sua maioria xerpas, os carregadores e guias do Himalaia. Contavam histórias apavorantes, como a do terrível homem das neves, ou fantásticas, como a de Xangri-lá – o paraíso terrestre, uma cidade isenta do mal, repleta de felicidade e onde ninguém envelhece. Hoje eu sei que esse mito tem origem na existência de dois antigos mosteiros, construídos em cavernas e escondidos no profundo Himalaia, nas fronteiras do Tibete e de Garwhal. Também me assustavam com ietis, como são chamados os homens que renunciaram à vida em sociedade e vivem isolados naquela região.

Mesmo já acostumado a ouvir lendas, não deixava de ser incômodo lembrar delas à noite, numa caverna perdida do

Himalaia. Certa vez, eu já havia apagado o *dhoop*, uma vareta feita de ervas que, enquanto queima, ilumina e deixa um aroma agradável, quando ouvi um longo uivo do lado de fora. "Lobos!", pensei.

Instintivamente, acendi novamente o *dhoop* e fiquei em absoluto silêncio, tentando calcular a que distância estariam os animais, ou seja lá o que fosse. Foi impossível. O eco das montanhas confundia meus sentidos. Os uivos às vezes pareciam distantes e, um momento depois, muito próximos. Mas de uma coisa eu tinha certeza: eram cada vez mais aterrorizantes.

Então vi alguma coisa passar correndo lá fora, bem em frente à caverna. Por um instante, quis acreditar que era apenas uma sombra. Mas a chama do *dhoop* balançou, denunciando a presença física – e terrivelmente próxima – dos animais. Com os pelos arrepiados e o coração disparado, fiquei encolhido no fundo da caverna, numa tentativa inútil de me proteger.

Não havendo mais como me esconder, só restava uma saída: atacar. Aproveitando esse breve momento de raciocínio para controlar o pavor, agarrei a primeira pedra e fui num salto para fora da caverna, gritando como uma fera enlouquecida.

Foi tudo rápido, rápido demais. Consegui desviar do primeiro lobo, que ficou com a minha manga direita entre as presas. Ardor na face, sangue quente jorrando, grunhidos, roupa em frangalhos, tufo de pelos na mão, dentes cravados na carne, uivos alucinados, socos, braços, patas, pés... Eu me sentia em meio a um covil infernal. Quantos seriam, meu Deus?

De repente, eles pararam. Um... dois... dez segundos sem um único movimento ao redor de mim.

Abri os olhos ao máximo para poder enxergar os contornos pálidos da luz noturna. Sim, lá estavam eles, a menos de dez passos. Eram sete ou oito lobos. Para meu espanto, porém, permaneciam sentados, numa atitude absolutamente pacífica, como cães treinados aguardando ordens. Nada que lembrasse os rosnados tenebrosos de alguns momentos atrás. Tão logo me acostumei ao luar, percebi, ainda mais intrigado, que eles não olhavam exatamente em minha direção, mas para um ponto acima e atrás de mim. Virei a cabeça, voltei os olhos para o alto e uma visão fantástica quase me derrubou.

Em cima das pedras havia um lobo totalmente branco! Emitia uma luz suave e prateada, de um tom que eu jamais havia visto antes. Estava numa pose imponente e majestosa, envolto por uma espécie de névoa. Por alguns segundos, fiquei hipnotizado. Então me virei para os lobos, temendo um ataque, mas eles já estavam se afastando devagar e em silêncio, sumindo na escuridão. Mais uma vez procurei o lobo branco, mas já não estava mais lá.

Pensei em escalar as pedras para achá-lo, mas logo desisti da ideia. Seria muito tolo me expor novamente aos perigos noturnos do Himalaia. Voltei ao abrigo, cobri-me com o manto e fiz uma oração profunda e comovida, agradecendo a Deus por ter me concedido mais essa chance. Então adormeci profundamente, sem mais energia para sequer cuidar dos ferimentos.

O efeito calmante da oração comprovou as lições de Ananda. Sem esse recurso, provavelmente passaria a noite em claro e, tão logo amanhecesse, desceria aquelas encostas em dois pulos, para pegar o primeiro avião de volta ao Brasil.

Pelo contrário, amanheci com o espírito mais disposto do que nunca. O dia estava claro e tudo o que acontecera na noite anterior agora não passava de um sonho fantástico, apesar de real, como denunciavam as feridas ainda abertas deixadas pelo ataque.

Os unguentos preparados por Kabir eram eficazes e rápidos, mas minha pressa era ainda maior. Mesmo alquebrado, não podia mais ficar naquela caverna. Não teria forças para resistir a outro ataque, e nada me dava certeza de que seria salvo mais uma vez por aquele incrível lobo branco. Havia também a proximidade do inverno, uma fera bem mais cruel do que qualquer animal.

Interpretei o episódio como um sinal de que devia me apressar. Seguir para o norte e para o alto. Obstinadamente. Fiz um pequeno balanço da situação. Além das feridas e da roupa aos trapos, o ataque de lobos me deixou com pouquíssima comida. Enquanto uns se atracavam comigo, outros invadiram a caverna. Então olhei dentro da mochila: meu rosário de azederaque também se perdera na confusão. Sem tempo para me lamentar, juntei o que restava de mim e parti.

Não sei dizer qual distância percorri naquele dia, muito menos de onde obtive forças para caminhar. O fato é que, antes de conseguir chegar à próxima caverna, fui acolhido por um pândita – como os indianos chamam os homens sábios e letrados. Ele dividiu comigo seu abrigo, seu *chappati* e seu chá. Senti uma imensa bondade em seus olhos. Então contei-lhe sobre minha peregrinação, minha busca por Patmos, meu *sonho íntimo*, minha luta com os lobos.

Ele ouviu com atenção e disse:

– Você está perto de Patmos, meu filho.

Pela primeira vez! As lágrimas rolavam em meu rosto, incontroláveis. "Eu estou perto de Patmos!", repetia sem parar. Naquela noite, à luz do *dhoop* de um pândita, recebi as últimas instruções que me levariam a meu destino final.

– Patmos é alguém sagrado – disse o pândita. – Sendo assim, ele se manifesta num local sagrado. Você deve seguir rumo a Amarnath, que é o santuário mais alto da Caxemira. Trata-se de uma caverna, que durante o ano todo fica coberta de neve. Dentro dela, a água goteja e congela, formando um símbolo muito adorado pelos hindus, chamado de *shiva-lingam*. Ele tem o mesmo significado que uma cruz tem para os cristãos. Nós, os pânditas vindos daquela região, acreditamos que Jesus viveu na Caxemira, mais precisamente num santuário chamado Takhje-Taus, que significa "onde morou o grande". Existe um manuscrito em língua tibetana, conservado e protegido num mosteiro situado a quatro mil e duzentos metros de altitude, dentro do Himalaia, que relata tal fato. Nós acreditamos que Jesus Cristo deixou a Ásia Menor aos treze anos para viver até seus trinta anos, um período que a Bíblia não menciona, nos vales da Caxemira.

"Quando você atingir os vales da Caxemira", ele continuou, "terá se tornado um jovem especial: um jovem que poderá ouvir as pedras crescerem e conseguirá assistir ao rio passar, sentado à sua margem, rodeado pelo nosso universo de elementais da natureza, nossos *jinn*; pois sua voz terá o timbre da sintonia com o Universo."

Nos dias seguintes, prossegui a caminhada. As forças que me restavam com certeza já não eram físicas, mas de uma outra natureza. Respirava com dificuldade o ar rarefeito do Himalaia e não pensava mais em nada. Como um autômato, minha concentração se fixava somente nas indicações do pândita. Para o norte, para o alto, para o norte, para o alto...

O que chegou aos vales da Caxemira foi uma sombra esquálida de mim. Frio, chuva e neblina castigavam meu corpo, mas era tarde demais para desistir.

Nada mais importava. Não havia mais energia sequer para o desespero. Percebi isso quando, na tentativa de alcançar uma caverna, minha mochila caiu num desfiladeiro. Pensei apenas: "É o fim, Ethan. Entre em sua caverna, faça sua oração e morra com o orgulho de ter trocado sua própria vida por um *sonho íntimo*".

Recostei meu corpo no fundo da caverna, com a mente vazia, esperando a noite chegar. De repente, uma luz prateada e difusa, linda, aqueceu meus olhos. Ele estava ali, o lobo branco! Parado, bem na entrada da caverna, apenas me olhava como se assistisse ao espetáculo patético de minha morte. Passados alguns segundos, ele se foi.

De novo, tive vontade de segui-lo, sentir aquela luz maravilhosa só mais uma vez. Porém, antes de chegar à entrada da caverna, rastejando, notei algo no chão. Comida! O lobo branco – só podia ter sido ele – trouxe pedaços de *chappati* que estavam na mochila. O alimento trouxe forças para continuar minha peregrinação, pelo menos por mais um dia.

Quando amanheceu, estava chovendo e uma espessa névoa dominava a paisagem. Assim mesmo, saí da caverna e caminhei às cegas até um riacho pequeno, mas com uma forte correnteza. Tentei atravessá-lo, mas não tive forças. Caí, arrastado com violência pelas águas geladas. Meu cajado, último elo com a civilização, ficou pelo caminho. Batia a cabeça contra as pedras. Desesperado, tentava me agarrar em qualquer coisa, mas o limo traía meus esforços. Minha carne rasgava contra galhos e espinhos.

Meus últimos fiapos de vida se esvaíam, entregues ao destino. Já não sentia mais meus braços, minhas pernas. Imagens da minha infância surgiram em minha mente, num ritmo acelerado. A criança pobre, minha mãe, o jovem trabalhador, o *sonho íntimo*, Isaías, a Índia, o deserto, Ananda, Kabir, o camelo Swapna, Patmos... Usei o que imaginava ser meu último suspiro de vida para sonhar. E sonhei: "Quem sabe, se Jesus Cristo um dia caminhou aqui, Ele tenha deixado uma trilha para eu seguir, quem sabe eu esteja agora indo aos Seus braços... Que maior orgulho pode ter um homem do que viver pelo seu sonho e morrer por ele? Posso estar partindo agora, mas levo em meu coração a fé em meu *sonho íntimo*".

De repente, fui jogado para a margem direita do rio com tanta violência que enterrei minha cara na lama. Num derradeiro esforço, virei meu corpo, mas já não podia respirar. Com os pulmões ardendo, clamando por ar, tentei limpar com as mãos a lama que tapava minha boca, meu nariz e meus olhos. Os braços, porém, demoravam a responder.

Não via coisa alguma. Porém, no centro daquela escuridão, um pequeno ponto de luz surgiu e foi crescendo, como se atraísse o que estava em volta para si. Parecia um túnel. Lembrei-me dos relatos de pessoas que já haviam voltado da morte. Deveria ser o túnel de luz a que todos se referiam. "Chegou a minha hora!", concluí.

A luz aumentava. No meio dela, uma silhueta começou a se desenhar. Estremeci. Talvez fossem as almas de meus ancestrais, chamando para que eu também passasse para o outro lado. Mesmo sem movimentos, sem energia sequer para verter lágrimas, senti que estava chorando. Chorava por dentro, como se meu peito se desfizesse em farrapos jogados ao relento da vida.

Nesse instante, porém, um fato inesperado aconteceu. A luz, que eu supunha vir do túnel final, tomou conta do ambiente, iluminando as pedras, o riacho e as árvores em volta. A silhueta que havia dentro dela ganhou volume, formas e cor. Não era mais uma alma, um fantasma ou uma visão. Era real. Então, num esforço supremo, último suspiro de quem se agarra a uma tábua de salvação, levantei a cabeça. E vi.

Era um homem alto, vestindo uma túnica de linho e calçando sandálias de couro. Tinha cabelos longos, divididos ao meio, loiros, lisos até as orelhas e, daí para baixo, anelados. Era um rosto lindo, iluminado por um reflexo sereno e azulado, com uma barba abundante, mas curta, também dividida ao meio. Aquele semblante irradiava simplicidade e maturidade; com olhos de um brilho intenso e cor cambiante, exalando amor a cada respiração. Ao seu lado, o lobo branco. Então ele falou, com uma voz maravilhosamente bela e profunda, como se o som ganhasse volume e calor:

– Eu sou **Patmos**!

As palavras ecoaram em mim. Patmos! Profundamente, dentro do meu interior. Patmos! Uma após outra, as palavras bateram em meu corpo e em minha alma como se toda a bondade do Universo estivesse brotando no coração. Era a mesma sensação do meu sonho de criança!... Agora eu voava. Patmos! Ele me olhava com doçura e fez um gesto lento com a mão direita. Sob o comando desse simples gesto, meu corpo começou a se erguer, até que me vi ajoelhado, com as mãos unidas, reverenciando aquela grandeza imensa, indescritível.

Eu estava diante de Patmos.

–Viestes por mim, Ethan, e por mim sairás. Levarás contigo *O Juramento dos Mistérios*. Aí, encontrarás a Razão da Vida.

Dito isso, sua luz voltou a crescer, numa intensidade que eu jamais havia visto. As imagens de Patmos e do lobo branco se dissolviam lentamente.

Capítulo 5

Depois de meu encontro com Patmos, tudo o que me lembro é o clarão imenso, aquela luz poderosa e divina, que se acabou fundindo, num atalho do tempo, com o sol batendo em meu rosto em Rampur.

Fui acordado por Kabir, naquela praça, em meio à Lavi – uma grande feira anual que atrai todos os comerciantes da região para Rampur. Era novembro – seis meses depois do início de minha viagem à Índia.

Despertei com a certeza de ter sido carregado, por muito tempo, nos braços de alguém que curou minhas feridas, mostrou a saída do Himalaia, alguém cujo rosto iluminado jamais esquecerei.

A visão de algo tão real como uma feira típica fez-me duvidar, por um instante, se tudo não fora apenas uma alucinação. As cicatrizes, porém, apagavam qualquer dúvida. Cada detalhe da aventura no Himalaia era contado e confirmado pelas marcas no meu corpo. Pensei que Patmos, assim como curou as feridas, poderia também ter eliminado as cicatrizes. Concluí que ele as deixou em meu corpo justamente para que eu não perdesse tempo com dúvidas vãs.

Tinha novamente ao meu lado minha manta, meu cajado e minha mochila. Dentro dela, a bússola de meu avô e algumas folhas de *bhoja*, um papel feito de casca de árvore, onde se escreviam os antigos livros sagrados da Índia. Era *O Juramento dos Mistérios*. Tal juramento, hoje sei, fazia parte da Ordem dos Essênios, que na época de Jesus era considerada a última descendente das confrarias de profetas organizadas por Samuel. Possuíam dois centros primordiais: um no Egito, às margens do lago de Méride, e outro na Palestina, em Engada, junto ao mar Morto. O nome "essênio" vem da palavra siríaca *assaya*, que quer dizer médico, e originou-se do fato de possuírem o dom da profecia e cura de doenças físicas. Jesus passou muito tempo entre os essênios, aprofundando-se em suas doutrinas. Como a lei dos iniciados era "nada pelo exterior e tudo pelo interior", pode ser que Jesus ainda caminhe por essa ordem.

O Juramento dos Mistérios

Juramento 1

Amarei o próximo como a mim mesmo. Eis a mais perfeita lei do Universo. Mesmo que o mundo ainda seja pequeno demais para entender tal mandamento, não devo ser pequeno como o mundo.

Não procurarei mais minha origem, uma vez que ela e o caminho de volta consistem num plano além da mente. Não necessito encontrar o ar que respiro; basta respirar e ele estará ali; aprenderei como respirar divinamente.

Quando meu oponente for inferior a mim,
então por que lutar?

Quando meu oponente for superior a mim,
então por que lutar?

Quando meu oponente for igual a mim, compreenderá o que eu pretendo, então não haverá luta.

Aceito que honra não é orgulho, mas sim a real consciência daquilo que se possui.

Viverei humildemente buscando a verdade;
a verdade será meu principal objetivo.

Cavalgarei na minha verdade, reconhecendo que uma mentira muito forte pode ser quase uma verdade, mas jamais será uma verdade, pois até mesmo uma mentira repetida milhares de vezes não consegue se tornar uma verdade. A verdade é eterna e sempre incomodará todos aqueles que vivem na mentira.

Atrelado em minha verdade, hoje sei que Deus
nunca exigiu que eu fosse
perfeito em meus atos, mas sim que pudesse
fazer um esforço honesto e
sincero em busca dessa perfeição.

Meu amor não será exclusivo, não amarei a
direita nem odiarei a esquerda.

Mesmo que eu seja o único a chegar à plenitude
do amor, sei que poderei
neutralizar o ódio de muitos.

Minha preocupação não estará em ser coerente
com meus ditos anteriores, mas em ser
coerente com a verdade.

Castigarei aqueles que amo
sofrendo em seu lugar.

Serei minha própria bandeira e meu próprio
refúgio; não me confiarei a nenhum
refúgio exterior.

Não acreditarei em algo apenas por ouvir; não acreditarei na fé das tradições só porque foram transmitidas por longas gerações.

Não mais julgarei e condenarei aquilo que não é julgável ou condenável.

Poderei apenas condenar o erro, jamais aquele que errou, pois, se eu estivesse na mesma situação que meu semelhante e vivendo a mesma coisa, talvez fosse e agisse exatamente como ele.

Meus frutos deverão ser puros como a alma de uma criança. Lembrar-me-ei da frase de Cristo: "Por seus frutos os conhecereis. Porventura colhem-se uvas dos espinheiros ou figos dos abrolhos?".

Inundarei meus pensamentos com sentimentos verdadeiros de amor, recordando sempre que sou um ser estritamente pensante, pois o próprio nome "homem" tem como significado "pensador". Pensamentos certos, regados com o verdadeiro sentimento amoroso, tornarão minha regeneração mais pura.

Não mais plantarei sementes e as retirarei todos os dias do solo para ver se já brotaram; simplesmente aguardarei que sigam seu ciclo, pois dentro de uma semente não se acha uma árvore.

Somente poderei dividir com as pessoas e o mundo aquilo que tiver dentro de mim. Não poderei ter desordem em meu interior e tentar colocar ordem no exterior. É necessário ter primeiro o amor em meu coração e um sorriso em meu rosto, para depois poder amar o mundo e sorrir-lhe. Quando eu perceber que nada tenho para dar ao mundo, devo tomar consciência de que quem precisa de ajuda sou eu. É muito mais abençoado dar do que receber. Assim, não mais carregarei, em minha existência, um desespero silencioso. De agora em diante ficarei grato quando puder dar, e não quando receber, pois faço parte de uma energia infinita e, quando estiver doando, não estarei perdendo, estarei apenas repondo. Se eu puder doar, sempre terei mais para dar. Caso eu não receba nada da vida, então me lembrarei de que não devo estar dando nada a ela.

Juramento 2

Criarei para mim um senso crítico que me permita analisar dia a dia para saber se estou me livrando dos sentimentos e emoções da baixa natureza do homem como: ódio, condenação, ressentimento e outros rancores.

Não mais definirei o todo conhecendo apenas uma parte, pois ter um pedaço de bolo em minhas mãos não significa que serei capaz de defini-lo por inteiro.

Não darei chance para que o nada se transforme em alguma coisa que seja um obstáculo em meu caminho.

Para que eu construa uma casa nova no terreno que possuo, terei de demolir a velha, tirando de dentro dela primeiramente seus habitantes, que são meus conceitos a respeito de mim mesmo: meus hábitos, vícios e pensamentos. Só então edificarei uma casa nova, que de pronto será ocupada com aquilo que eu escolher para habitá-la.

Minha conduta irá trilhar os caminhos da justiça, não para me transformar num grande julgador, mas em alguém capaz de amar, tolerar e desculpar. Esta justiça nada mais será do que recolher aquilo que realmente me pertence e buscá-lo incansavelmente dentro de padrões de dignidade e humanidade, vigiando de forma reta meus pensamentos, tendo assim sob total domínio meu maior inimigo.

Meus atos deverão estar alinhados com meus pensamentos, razão pela qual minha mente deverá produzir coisas boas. Caso contrário, estarei vivendo muito mesquinhamente, pois meus bons atos talvez consigam iludir algumas pessoas, escondendo delas tudo de ruim que eu venha a pensar. Mas quem terá de conviver com meus pensamentos serei somente eu; somente eu irei dormir e acordar com eles, e, se eles forem um traste, quem se sentirá um traste serei apenas eu.

Sentirei felicidade apenas por respirar. Sentir-me-ei feliz por ser, por comer, por poder dormir mais uma noite. Minha felicidade não derivará de nada, ela será eu. Tornar-me-ei feliz porque me conhecerei. Minha felicidade não terá causa; não será algo que me acontecerá, mas sim minha maneira de ser.

Para todos os lugares em que me mover, levarei comigo minha felicidade, mesmo que seja atirado ao inferno. Criarei à minha volta um paraíso, pois, com uma felicidade plena, o paraíso poderá penetrar no inferno.

Cultivarei três atitudes especiais: amar, nunca ir ao extremo e ser natural.

A primeira coisa que farei ao acordar
será dizer: BOM DIA, DIA!

Jamais meu coração servirá para alojar mágoas,
rancores ou qualquer outra emoção causada pela
parte baixa da natureza humana.

Procurarei ser proprietário de um lugar estritamente sigiloso que chamarei de coração. Será nele que Deus fará sua morada; será este o lugar que Ele escolherá para se encontrar comigo a todo instante. Por esta razão, este local será sagrado e secreto; jamais servirá para guardar outra coisa a não ser a inspiração que Deus me der.

Jamais destruirei fogo com fogo, maldade com maldade; minhas mãos estarão sempre serenas e cheias de bondade.

Nunca mais virarei minha cabeça para trás, tentando arrumar desculpas para desviar-me de meu caminho, ou parar, achando que me perseguem com tentativas de me destruir com calúnias ou risos pela minha conduta. A única pessoa que poderá me perseguir e me destruir serei eu mesmo.

Prepararei meu caráter para sacrificar qualquer tipo de fato limitador; qualquer fato que me imponha uma falsa crença; qualquer egoísmo, qualquer medo que tente me intimidar; reconhecendo que a total perfeição espiritual não me é exigida a fio, é necessário que meu esforço seja dedicado, honesto e muito real na tentativa de atingir tal perfeição.

Juramento 3

Pensarei antes de fazer uma promessa e, depois de fazê-la, não a quebrarei, dando pouca importância a quanto me custará para cumpri-la.

Conservarei minha mente aberta para todas as questões em discussão; investigarei e não argumentarei, sabendo que é próprio das mentalidades elevadas discordar e mesmo assim conservar a amizade de seu oponente.

Que eu sofra uma injustiça,
mas nunca consiga cometê-la.

Permanecerei sempre aberto às novas experiências, para que assim possa concretizar a grande experiência da humanidade.

A maior conquista que poderei atingir é ser eu mesmo, vencendo a mim mesmo, pois é dentro de mim que repousa meu maior inimigo, a única coisa a ser derrotada e vencida.

Reconheço que aquilo que afeta diretamente uma pessoa afeta muitas outras indiretamente.

Se a paz tiver de vir ao mundo, as nações terão de adotar a atitude pacífica da adaptação dos fins e meios.

Para mim, a palavra paz não mais significará apenas um intervalo entre as guerras.

Não concordarei com meios imorais para alcançar objetivos morais.

Caminharei rumo à liberdade voluntária, e não para aquela liberdade exigida pelos oprimidos.

Viverei total e intensamente. Assim, cada momento se tornará dourado e toda a minha vida se tornará uma sequência de momentos dourados. Vivendo assim nunca morrerei, pois terei o toque de Midas.

Não me importarei caso não tenha boas cartas em meu jogo de viver, mas sempre procurarei jogar bem com todas as cartas ruins que vierem a minhas mãos, indo a qualquer lugar, sempre que este estiver à minha frente.

Serei a favor dos indivíduos e não da sociedade, pois ela não existe, só existem os indivíduos.

Viverei com senso de humor, profunda capacidade de brincar e uma delicada qualidade amorosa.

Terei reverência pela vida, pois é este o único respeito divino. Não existe nada mais divino do que a própria vida.

Meu tesouro irá se multiplicar cada vez mais, porque sua maior qualidade consistirá em compartilhar.

A cada erro que eu cometer, estarei tendo uma oportunidade para ensinar, pois esta é a maneira com que a natureza me permite aprender.

Caso eu experimente fracassos, farei deles uma estrada para meu sucesso, pois, cada vez que descobrir algo falso, isto me levará a buscar honestamente o que é verdadeiro, porque todas as experiências vividas sempre me indicaram uma forma de erro a ser evitada no futuro.

Juramento 4

Minha religiosidade não será algo a ser acreditado, mas algo a ser vivido; algo a ser provado e saboreado não como uma crença em minha mente, mas como o sabor de todo o meu ser.

Tomar conhecimento do mundo não será nada se comparado com o conhecimento do meu próprio mistério interior.

A realização de meu sonho íntimo não mudará o mundo, pois o mundo não precisa ser mudado. Quanto à vinda de Cristo, Buda e outros iluminados, muitos acreditaram que tais entidades estavam aqui para iluminar o mundo e mudá-lo. Mas não foi isso que eles tentaram fazer. Não tentaram iluminar o mundo, tampouco mudá-lo; o mundo já tem luz suficiente e é lindo o bastante para não ser tocado. Eles vieram para grandes iluminações, mas não com relação ao mundo. Tais mudanças estavam ligadas diretamente a cada pessoa. Eles tentaram mudar as pessoas em vez de mudar o mundo. No lugar de iluminar o mundo, tentaram ensinar a cada pessoa como acender seu próprio palito de fósforo.

Decifrarei o sorriso azul e infinito do criador,
pois percebi que nascer é como receber de Deus
uma tela, um pincel e a tinta, com um breve
cochicho no ouvido: "No final do corredor,
entregue sua pintura. Ela será o retrato
de sua vida".

Ninguém será superior ou inferior,
tampouco igual perante meus olhos;
todos serão únicos.

Olharei amorosamente cada pessoa e descobrirei aquilo que ela tem de singular.

Sou aceito pelo Sol, pela Lua, pelas árvores, pelo oceano e pela Terra; se sou aceito pelo Universo, irei me espalhar nele.

Viverei pelo senso de minha individualidade, pelo meu próprio amor, sem importar o que os outros pensem disso.

Não pensarei no futuro, pois o futuro nasce do presente; se eu puder cuidar do meu presente, estarei cuidando do meu futuro. Meu futuro não surgirá do nada, mas sim deste momento. Agora é o único momento; agora é o único tempo; ele nunca passará, pois minha verdadeira busca espiritual consistirá num desencantamento pelo futuro e uma permanência no presente. Dessa forma, não mais sacrificarei meu presente, tampouco me apegarei a meu passado por falta de expectativas em meu futuro. Farei de meu hoje o grande dia de minha vida.

Nunca mais sentirei raiva, pois ela é um grande sinal de fraqueza.

Nenhuma ilusão poderá sustentar minha realidade; minha realidade vai vencê-la, cedo ou tarde.

Não mais deixarei que meus problemas se fortaleçam cada vez que viro minha face para eles; irei enfrentá-los e derrotá-los. Jamais irei evitá-los.

Não permitirei que meus erros se multipliquem, para não pagar com juros e sofrer pelos juros que certamente se tornarão centenas de vezes maiores do que minha dívida de erros.

Meu lar não existirá no mundo, a menos que eu o encontre em mim mesmo.

Dar amor será minha verdadeira e linda experiência; com ela serei um imperador; receber amor é uma experiência menor. Na realidade, é a experiência de um mendigo.

Jamais me considerarei uma gota no oceano, pois mesmo quando uma gota cai no oceano causa-lhe um movimento enorme; muita gente não tem sensibilidade suficiente para notar.

Juramento 5

Meu ego é quem escraviza, me coloca talvez no verdadeiro inferno; irei vencê-lo.

Em minha verdadeira viagem pela vida, minha intuição será meu único professor.

Esta vida que levo pode ser transformada num paraíso, aqui mesmo nesta Terra.

A verdadeira vida não é constituída de currículos, homenagens ou mesmo de conquistas que aumentam meu intelecto, mas sim de essência humana. A maior mensagem que posso deixar cravada na minha vida é a maneira pela qual vou vivê-la. Minha vida será minha mensagem.

Não tentarei tornar digna toda a Terra, tentarei tornar digno apenas o espaço de vida que ocupo. Assim, estarei fazendo a minha parte.

Meu conhecimento emprestado nunca passou de ignorância. A verdade experimentada não me tornará instruído, mas me colocará no mundo da humildade.

Serei natural e assim estarei exercendo a espiritualidade. Meu esforço será criar uma pessoa natural, sem culpa, aceitando todas as fraquezas; as falhas normais de um candidato a ser humano. E nessa profunda aceitação de meu ser natural estará a essência de minha transformação.

Devo tornar-me um cigano existencial.

Poderei atingir minha "consciência crítica" simplesmente quando sentir o reconhecimento de meu próprio ser, ou quando sentir a eternidade de meu ser.

Quando eu caminhar, não haverá nenhum caminhante, somente o caminhar.

Antes que o divino se aproxime de mim, meu ego deverá partir.

Não estarei mais interessado em teorias,
tampouco em filosofias, mas sim num
salto existencial.

Irei renunciar, mas não deixarei o mundo;
renunciarei mudando de atitude
em relação ao mundo.

Passarei a sentir também a satisfação pelo meu esforço, e não somente a satisfação pela realização final.

Não mais condenarei a semente, porque assim nunca poderei aplaudir a árvore.

Até mesmo para continuar vivendo na indecisão
é necessário que eu tome uma decisão.

Se Deus esteve pronto para me dar vida,
mesmo com todas as minhas limitações,
quem sou eu para negar-me a ser um
iniciado na existência?

Procurarei me interessar muito mais pelo que acontece no âmago de meu ser.

Serei fiel aos compromissos do meu corpo, mas não trairei as necessidades de minha alma.

Nada no mundo da existência será sem significado, cada coisa perante meus olhos carregará sua atmosfera particular consigo.

Juramento 6

Minha religião não vai consistir em acreditar ou desacreditar, mas sim em confiar; a menos que eu confie, não poderei dar o salto ao desconhecido.

Minha busca espiritual terá como significado chegar a um acordo com a realidade, e não com uma projeção sonhadora; toda vida é apenas uma projeção, ela não existe para conhecer o que é, mas sim para se obter o que é desejado.

O desejo sempre promete e nunca dá; os desejos sempre prometem felicidade, mas isso nunca vem; cada desejo dá em troca apenas mais desejos; cada desejo cria em seu lugar apenas desejos ainda maiores e mais frustrantes. Minha mente será não desejosa para se engajar na busca espiritual.

Estar no meu atual momento será
minha abertura secreta.

Minha mente deixará de ser agressiva;
assim, poderá ser receptiva.

Morrerei a cada momento, pois, a menos que eu morra, o amor não poderá nascer; e, a menos que exista amor, não poderei sentir a graça; só no amor tornar-me-ei aberto à existência.

Estarei sempre amando,
e não sendo um amante.

Não me esconderei mais de mim mesmo,
tampouco serei meu próprio inimigo.

Procurarei ser sempre o mesmo em qualquer
situação; assim como a água do mar,
salgada em qualquer ponto.

Levarei minhas energias mais e mais em direção à confiança e ao amor, porque a energia que se torna dúvida é a mesma energia que se torna confiança.

Somente aquilo que acontecer comigo será verdadeiro; somente aquilo que florescer em mim será verdadeiro; somente aquilo que crescer em mim será verdadeiro e vivo.

A verdade não necessita de provas, necessita apenas de meu coração; não de argumentos, mas de meu amor, minha confiança e minha disponibilidade em receber.

Nunca mais esquecerei meus pés somente porque meus sapatos não os apertam.

Minha vida consistirá de coisas comuns. A grandeza estará na qualidade que eu der à vida e às coisas comuns.

Eu vivo num todo e voltarei ao todo; cheguei desconhecido e partirei desconhecido; não sei de onde vim e para onde vou. Todo o processo é um mistério. Como posso pleitear uma inteligência privada?

Juramento 7

Deus não será apenas um recurso, será o único recurso que terei. Vou tê-lo em meu coração a todo momento.

Não me disciplinarei demais para não ficar dependente de minha própria disciplina e sofrer com ela; serei mais desprendido, mais flutuante, movendo-me com a situação.

Não terei uma mente totalmente edificada, irei conservar-me natural, deixando que minhas decisões saiam da própria situação.

Serei como a água que se molda na forma do jarro em que é colocada.

Serei por fora aquilo que vier a possuir por dentro, por isso devo cuidar bem de meu interior.

Para mim não existirá o pecado, tampouco a virtude; somente a sensatez.

Mesmo minha cólera autêntica será melhor do que
um sorriso falso, porque pelo menos
minha cólera será autêntica.

Minha liberdade não está muito distante,
está somente oculta em mim.

Meu ódio não é real,
é apenas ausência de amor.

Minha escuridão não é eterna,
é apenas ausência de luz.

Nunca mais direi "isso é bom" e "aquilo é mau". Abandonarei toda discriminação, aceitarei tudo tal como é. Exercitarei o princípio da não-distinção.

Se não estou encontrando significado na vida e a considero sem sentido, terei de aprender a confiar. A confiança traz significação, ela me tornará capaz de permitir que o Universo desça sobre mim.

Aplicarei em meus dias sempre novos remédios, para não aguardar novos males, pois hoje não é ontem e eu mudo a cada dia. Assim, meus pensamentos não devem continuar imutáveis. A mudança às vezes será dolorosa, mas indispensável, uma vez que minha memória terá seu próprio valor e força. Assim também será com minha esperança.

Juramento 8

Praticarei o princípio da rendição. Cederei ao meu controle e deixarei que o Todo me arrebate e me conduza para onde desejar. Não nadarei contra a corrente. Serei como um rio, tornar-me-ei um rio. O rio já está rumando para o mar.

Terei minha própria face, não mais as opiniões de outro sobre mim.

Não mais me importará aquilo que farei,
mas sim aquilo que serei.

Não mais abusarei de meus meios, pois, assim
fazendo, todos os meus propósitos serão destruídos.

Farei de meu amor uma combinação de gratidão,
amizade e compaixão.

Não mais procurarei por mim mesmo
na porta dos outros.

Reconhecerei que Deus somente pode ser recebido, jamais ser encontrado ou ser inventado.

No silêncio de minhas orações tentarei ouvir a voz da natureza, que fala uma linguagem simples. Não será mais tão complicado entender tal simplicidade.

Providenciarei as coisas e os efeitos
estarão ali à minha espera.

Trabalharei meu espírito para ser como uma
árvore, crescendo em todas as direções.

Não mais debaterei, não mais atingirei a verdade pela discussão, tendo em vista que tudo aquilo que está próximo da verdade também é mentira.

Minha vida não mais será um problema, ela existirá para ser solucionada e vivida.

Viverei meu *sonho íntimo* todos os minutos de meus dias, pois uma pedra que rola não junta limo.

A não ser que eu me unifique com a vida, jamais poderei conhecê-la.

Minha vida será meu enigma para resolver, será
meu mistério a ser vivido.

Não mais viverei nas minhas palavras, nos meus
raciocínios ou razões, mas sim
nos meus sentimentos.

Irei mover-me no mundo, mas não serei parte dele; viverei no mundo, mas não deixarei que o mundo viva em mim.

Reconhecerei as grandes pessoas em minha vida através da maneira pela qual tratarem as pequenas.

Transformar-me-ei naquilo que eu sentir, a responsabilidade será minha.

Serei o criador das minhas emoções. Por que escolherei a miséria, quando poderei escolher a felicidade?

Tudo que eu possa perder não valerá
a pena guardar.

Tenho de permitir que outros toquem em meu
coração, para que eu possa tocar o
coração do outro.

Nada levarei desta minha passagem pela Terra, somente aquilo que cultivar no fundo de minha essência e origem. É possível a um ser perder tudo o que conquistou externamente. Mas nem crucificando-o alcançar-se-á aquilo que guardou em seu coração.

Juramento 9

Buscarei o amor em todos os corações. O coração não pode existir sem ele. Ele é a própria pulsação da existência.

Somente serei ativo após atingir minha passividade.

Não permitirei que palavras distorçam minha visão.

Trabalharei no mundo, mas não irei me perder nele. Minha profissão será apenas uma parte de minha vida. Ela não irá se sobrepor às minhas dimensões de vida.

Somente poderei ver Deus quando me tornar um arco-íris. Com todas as cores absorvidas, sem nada sacrificado, nada excluído e tudo incluído.

Acreditarei que ainda chegará o dia em que nascerá uma nova humanidade, através de um encontro de pessoas onde estas serão senhoras e a sociedade existirá para servi-las. Não haverá tantas religiões, mas sim uma consciência religiosa, que terá a divindade como a qualidade da realização suprema, na qual Deus estará dissolvido em tudo, em cada parte de cada ser, fazendo com que os indivíduos percam a falsa ideia de que todos os seres humanos são iguais, pois eles são únicos, e não iguais. Ser único é muito superior à noção de igualdade.

Uma nova humanidade capaz de desmascarar a hipocrisia do sistema e suas tentativas para impedir que o homem alcance o direito mais fundamental do ser humano: o direito de ser ele mesmo.

Estarei certo de que a beleza da confiança é incondicional; o fato de os outros me enganarem ou não, este será um problema deles, e não meu.

Pensarei na vida como um presente de Deus; assim, tomarei mais cuidado com ela.

Agirei como um verdadeiro santo, que fica agradecido até mesmo pelos erros que aconteceram em sua vida, porque eles também o ajudaram no caminho.

Minha respiração é um milagre. O mundo entra em mim e eu entro no mundo.

Não mais tentarei fazer coisas belas, pois é impossível. Elas simplesmente acontecem.

Pela ausência dos bons, os maus proliferam, mas não existe mal que resista ao bem. O mal é o nada que transformamos em alguma coisa, só tem a força que atribuímos a ele. O mal não passa de ausência de bem, assim como a escuridão é a ausência de luz. O fogo pode ser destruidor e forte, mas não existe ainda fogo que resista à água – e nunca irá existir.

Minha motivação será como o ar que respiro. Não viverei sem ela.

Encontrarei a felicidade em medidas moderadas nas pequenas coisas. Não existe nada de grande na vida. Mas, se eu for feliz com as pequenas coisas, certamente a felicidade acumulada será imensa.

Não mais serei infeliz por minha noção impraticável de felicidade.

Reunirei meus pequenos momentos e farei deles um lindo ramalhete de flores.

A vida é muito grande, e Deus tomou muitas formas; jamais me agarrarei a apenas uma.

Juramento 10

Não serei sólido como uma rocha, mas líquido como um rio. A rocha é forte, mas é vencida pela água. Assim, o delicado conquista o forte, a criança conquista o velho e a vida continua conquistando a morte.

De nada adiantará minha oração na igreja se a existência toda não for meu templo.

Não reprimirei mais nada em meu interior. Tudo aquilo que é reprimido algum dia aparece para a revanche.

Construirei dentro de mim um altar, onde irei sacrificar os sentimentos que refletem minha baixa natureza humana.

Quando eu caminhar, desfrutarei o caminhar. Ao dormir, desfrutarei o sono, e, quando estiver satisfeito, desfrutarei a satisfação.

Minha vida não mais será nebulosa. Vencerei a imensa capacidade que desenvolvi para ignorá-la.

Não mais desejarei o fantástico; desejarei o real.
O fantástico não me alimentará.
Virá como um relâmpago e partirá. Escolherei
uma luz de vela, farei muito mais coisas
com uma pequena luz de vela.

Serei um preservador da natureza, pois ela me
alimenta e, se algo de mal acontecer à mãe
natureza, certamente este mal recairá sobre os
filhos da Terra.

Não estacionarei em um único lugar e não permitirei que coisas velhas se reúnam ao meu redor.

A expansão de minha consciência será uma das metas de minha vida. O rio torna-se oceano, o limitado deve mover-se em direção ao ilimitado e o finito deve se perder no infinito.

Para mim, o saber será: saber que conhecer não é saber e que não conhecer é saber. O verdadeiro homem de compreensão sabe que não conhece nada além de sua ignorância profunda.

Se eu der um passo em direção a Deus, Ele caminhará mil passos em direção a mim.

Só existem duas coisas certas na vida: uma é a morte e a outra é que a vida sou eu.

De nada adiantará meu passado morto que deprime ou meu futuro incerto que me enche de ansiedade; sou uma ponte em construção na busca do infinito.

Reconhecerei os loucos e não os temerei. Um louco não poderá me levar além da loucura.

Minha primeira bênção seria não ter nascido. A segunda será morrer com muita dignidade por ter vivido.

A vida não tem Razão, sou eu que terei de dar Razão à minha vida. Sou eu que terei de criar a Razão de minha vida através de tudo aquilo que consiga SER.

A RAZÃO DA VIDA não existe.

Terei de criar A RAZÃO DE MINHA VIDA, vivendo dignamente, sendo grato à minha existência e plantando em meu coração o merecimento de poder desfrutar O DOM DE VIVER.

Epílogo

Consegui voltar ao Brasil graças a Kabir, que me levou a Delhi e cuidou de tudo. Na longa viagem de volta, estava ansioso por encontrar Isaías, contar-lhe sobre Patmos.

Tão logo cheguei, passei em casa só para guardar minhas coisas e fui ao seu encontro. Ele morava longe do centro de São Paulo, em uma pequena chácara, numa casinha cercada de jardins. Já estivera lá muitas vezes, ouvindo, aprendendo, bebendo de sua sabedoria. Ele chamava sua casa de "cantinho do paraíso".

Parei em frente à casa e demorei um pouco para tocar a campainha. Fiquei observando seus jardins, que sempre achara belíssimos, e notei que lembravam um pouco as flores do Himalaia.

Quem atendeu foi um estranho. Identifiquei-me e perguntei por Isaías.

– Ele não mora mais aqui.

– O quê? Ele... se foi?

Um balde de água fria. Fiquei paralisado, sem saber o que fazer. Então comecei a explicar, aflito, que precisava muito encontrá-lo. Voltar ao Brasil e não encontrar Isaías era quase tão grave quanto chegar ao Himalaia e não encontrar Patmos! Perguntei se ele não tinha deixado o novo endereço.

– Infelizmente, não tenho nenhuma informação. Pelo que ouvi dizer, o sr. Isaías se desfez de tudo o que possuía e partiu, ninguém sabe para onde. Mas, espere aí. Disse que se chama Ethan? Tem uma coisa aqui para você.

O homem entrou. Fiquei no portão, agarrado à esperança de ter alguma indicação do paradeiro de Isaías. Foram alguns segundos, mas pareceram uma eternidade. Então ele trouxe um pacote com meu nome. Era uma encomenda de Isaías! Abracei aquele tesouro contra meu peito, mas achei melhor não abri-lo na frente do homem. Agradeci, comovido, despedi-me e saí. Ele ficou olhando para mim sem entender nada do que estava acontecendo.

Voltei para casa o mais rápido que pude. Sentei em minha velha e boa cama e olhei mais uma vez para as lembranças da Índia sobre a mesa. A manta, o cajado, a mochila. E, no meu coração, a eterna lembrança de meu amigo Kabir ao lado de Swapna, o camelo fujão. Então, num gesto ansioso, rasguei o papel que embrulhava o pacote. A velha pasta de couro preta de Isaías! Dentro dela, um bilhete. Reconheci sua letra:

> "Ao meu querido Ethan:
> A vida não tem razão. É você que terá de dar razão a ela.
> Que Deus ilumine seus dias com divinos fluidos, espalhando pelo seu caminho muita paz.

Deleite-se em seu *swapna*.
Abençoado aquele que sonha, pois tem dentro
de si a inocência da criação.
Com muito amor,
Isaías."

Quando fui guardar o bilhete, emocionado com a lembrança de meu mestre, percebi um objeto dentro da pasta. Era o meu rosário! Exatamente aquele que eu havia perdido no Himalaia.

Este livro foi composto em Perpetua
para a Editora Academia de Inteligência
em abril de 2009